牧羊人領導

SHEPHERD LEADERSHIP

Wisdom for Leaders From Pasalm 23

詩篇23的領導智慧

BLAINE McCORMICK & DAVID DAVENPORT

布雷恩・麥考米克、大衛・戴文波——合著 葛窈君——譯

題獻

僅以本書獻給二位作者的妻子　莎拉與莎利，她們兩人是牧羊人領導的最佳典範。

詩篇第二十三

耶和華是我的牧者，我必不至缺乏。

他使我躺臥在青草地上，

領我在可安歇的水邊。

他使我的靈魂甦醒，

為自己的名引導我走義路。

我雖然行經死蔭的幽谷，

也不怕遭害；因為你與我同在，

你的杖，你的竿，都安慰我。

在我敵人面前，你為我擺設筵席；

你用油膏了我的頭，

使我的福杯滿溢。

我一生一世必有恩惠慈愛隨著我，

我且要住在耶和華的殿中，直到永遠。

Psalm 23

The Lord is my shepherd, I shall not want.

He maketh me to lie down in green pastures;

He leadeth me beside the still waters;

He restoreth my soul.

He leadeth me in the paths of righteousness for his name's sake.

Yea, though I walk through the valley of the shadow of death,

I will fear no evil, for thou art with me;

Thy rod and thy staff they comfort me.

Thou preparest a table before me in the presence of mine enemies.

Thou anointest my head with oil.

My cup runneth over.

Surely goodness and mercy shall follow me all the days of my life,

And I will dwell in the house of the LORD for ever.

牧羊人領導 聖經詩篇中的領導智慧

目次

出版緣起 xiii

寫在前面 〈詩篇第二十三〉的作者：大衛王小傳 xv

第一章 牧羊人領袖 001

牧羊人領袖有點像個好導遊；字典上說導遊是陪伴旅行者的人，幫助旅人在不熟悉的地方活動，或是前往陌生的目的地。好的導遊不會嚴密控制你的一舉一動，然而卻可以用某些方式幫助你，讓你看得更多、學得更多，這是獨自旅行所不可能獲得的。

第二章 滿足羊群的需求 013

要了解人的需求，得先學會積極的傾聽，不僅聽到屬下告訴你的內容或重點，還要體會公司同仁的處境和士氣高低。牧羊人領袖傾聽是爲了瞭解、爲了聽出弦外之音；對屬下付出耐心、恆心和關心，讓屬下心滿意足到能夠說出：「我別無所求」。

Sherpherd Leadership

則無法幫助其他人走出幽谷。領導人可以善用幽谷的力量，開誠布公地與下屬分享事實，增加參與感，散播樂觀與希望，並挽起袖管親自下海示範，帶領大家走出幽谷。

牧羊不能遠距離操控，必須親臨其境。在這個科技發達的時代，領導人總是想要把「走動式管理」換成「電腦式管理」，想用電子郵件取代走動巡視；可惜手機和電郵都無法取代「同在」的意義。其實就連「走動」都嫌有點太快了，比不上牧羊人親自坐鎮指揮。

古代牧羊人使用杖和竿，來引導、教訓、保護羊群。如果今天你只能選擇兩樣工具來達成這些目標，你會選什麼呢？羅盤，用來指出整體方向的；框架，讓組織在定好的範圍內自由發展。

Sherpherd Leadership

〈出版緣起〉

閱讀不須從信仰開始

何飛鵬

宗教對於一般世俗人有兩個層面，一個是相信，一個是不信。如果你是某個宗教的信徒，那不待多言，如果你不相信，也免不了會在社會使用的語言、生活習慣等等碰觸到和宗教相關的事物。

目前，在中國社會中的宗教，除淵源已久的佛教、道教之外，也有西方宗教如天主教、基督教傳入。然而，中國社會對基督宗教雖也有幾百年的接觸，但相較之下，歷史還是很短，一般人對於西方宗教的了解，相對來說沒有那麼深刻。

可是，在進入二十一世紀，英語幾乎變成唯一的國際共同語言。在頻繁使用英語的情況下，無時無刻不是在接觸英語世界所蘊含的西方文化質素，包括相關的典故、信仰、邏輯和精神，便成為現代人經常碰到的事物。因此，如何對基督宗教有更完整、正確的理解，似乎是現代中國人不可或缺的訓練。

不只是如此，如果我們有機會深入了解基督宗教，其中也蘊含了發人深省、心靈勵志的內容，基督宗教蘊含相當豐富的這些質素，對現代人有所助益，也有需要多加理解。

作為一個出版人，我們發覺，現今已出版的基督宗教出版品，大多出自以傳教為使命的出版社，共同特色是閱讀時必須先具備信仰的基礎。因此，這類的出版品在一般人讀來，是有一定程度的隔閡。

我們發願出版一系列書籍，目標是把基督宗教當作人類文化的一部份，視為現代人必須了解的知識，閱讀不須建立在信仰宗教為前提。我們期待能帶領讀者，進入基督宗教的深層底蘊，了解西方文化底層的架構。如果因此有人得到救贖、加入基督宗教的世界，我們也不反對。但更重要的是，這系列書籍出版的目的，是期待加深大眾對基督宗教文化的理解，也能對讀者的工作、生活等層面產生正向的幫助，這是我們所期待的。

了解耶穌的世界，從啟示開始。

（本文作者爲啓示出版發行人）

〈詩篇第二十三〉的作者：大衛王小傳

後世對於大衛王的認識，幾乎都來自於舊約聖經的記載。歷史學家仍在找尋證明大衛王確實存在的歷史旁證，但目前爲止仍只找到幽微的線索而已。

聖經上記載，大衛（達味）①是耶西（葉瑟）的第八個兒子。耶西是伯利恆人，大衛便是出生在伯利恆。

大衛王是以色列人的第二個國王，不過，他的人生一開始並沒有顯露出這種可能性。

大衛第一個職業是牧羊人，是替家裡牧羊。在他做牧羊人的這段日子裡面，倒是發生了一件不尋常的事情。

當時的以色列王掃羅（撒烏耳）違背天主的誡命，做了許多錯事又不悔改，於是，天主派遣撒母耳（薩穆爾）先知，在沒有讓掃羅知道的情況下，到耶西家，找尋以色列的下一個王。

耶西喚出所有的兒子，撒母耳看過之後都搖頭，因爲天主告訴撒母耳，不要看外貌和身材，於是耶西遣人去叫正在放羊的大衛。撒母耳見到大衛，天主就告訴撒母耳說，就是這個人，於是撒母耳爲大衛傅油，祝福了他。

可是這件事情發生之後，大衛的人生並沒有立即產生重大變化，他還是繼續在伯利恆放羊。

十七歲時，大衛的人生才發生了眞正的轉折。當時，以色列國和非利士人在以拉谷作戰，非利士陣營中有一個身高「六肘零一虎口」的巨人，約莫是二．七四公尺，比姚明還高，名叫歌利亞（哥肋亞）。他向以色列人叫陣，揚言要和以色列人一對一決鬥。由於他的樣子實在高大得嚇人，叫陣四十天，以色列沒人敢和他單挑。大衛因父親差遣他送食物給從軍的三位兄長，因此聽了歌利亞的狂

①本文括號內均爲天主教中文聖經對同一人物的譯名對照。

言，就自動請纓。

掃羅要大衛穿上自己的戰衣，可是大衛穿不慣便沒穿，他拿著牧羊的杖，又從溪中挑選五塊石子，放在牧羊時隨身的囊袋，就去迎戰巨人。歌利亞看到身高比他一半高不了多少的大衛，便輕視他，但大衛對他說，輸贏不是在於力量大小，而是天主的旨意。

歌利亞衝向大衛，大衛也不逃跑，他拿出石子，用彈弓瞄準巨人的眉心，用力射出，正中目標，歌利亞立刻應聲而倒，非利士人看到這情況，嚇得紛紛轉身逃跑，以色列人因此獲得大勝，大衛也一戰成名。

以後，世人便常以大衛擊倒歌利亞的典故，強調「以小搏大」未必沒有勝算。

歷來的學者相信，大衛應該是出生於紀元前一〇五八年，然後是在紀元前一〇五五年至一〇一五年統治以色列，在位長達四十年之久。

大衛王是最長壽的以色列君王，而且，他和他的兒子所羅門王（撒羅滿王）在位期間，是以色列國的黃金時代，統治所及遍及猶太的十二個支派，其他的以色列王在位期間所轄遠遠不及大衛王父子。

大衛多才多藝，既是英勇的戰士，又是文采豐富的詩人，相傳聖經中的《詩篇》就是他的作品，至少，《詩篇》總共一百五十首，就有多達七十三首在篇首提到大衛王。他還擅長彈奏樂器和作曲。聖經上描述大衛王的容貌說到，大衛「面色光紅、雙目清秀、外貌英俊」，頗爲符合米開蘭基羅雕塑的「大衛」帶給人的想像。

第一章

牧羊人領袖

〈詩篇第二十三〉：

「耶和華是我的牧者」

教人領導統御的書似乎永遠出不完，書店每月上架的數百本新書中，大概有十分之一和「領導」有關。這股出版狂潮至少透露了一個好消息：只要努力學習，就可能成爲更稱職的領導人。在此，我們要提出一種全新的領導形象，也就是「牧羊人領袖」，希望能夠幫助讀者成爲新型態的領導人。

現代領導人的形象林林總總，你可能聽過有人把領導人比喻爲運動教練、啦啦隊、精神導師、藝術家、牛仔、指揮家、導遊、探險家、哲學家等等，不勝枚舉。其中有二種最常見但又看似矛盾的比喻：領導人是僕人，領導人是軍人。這些領導人形象已經夠讓人眼花撩亂，憑什麼再加一個「牧羊人」的比喻？而且，提到牧羊人，大部分人就會想到身穿束著腰帶的飄逸長袍、個性溫和善良的年輕人，或者更糟，想到「阿爾卑斯山的牧羊少女」。

我們對「牧羊人領導法」有信心，乃是基於三個理由：第一，一般認爲牧羊人個性溫和、整天在青翠的草地上放牧牛羊，這種看法並不恰當，甚至有偏頗；牧羊人也許舉止溫和，但個性卻像釘子一樣堅毅。如果你去佛羅倫斯看過米開朗基羅雕刻的那尊舉世聞名的大衛像，就能體會本詩作者的意志多麼堅定。

第二，和其他比喻相較，牧羊人的形象能更全面描繪出領導人的生活；其他比喻不見得是錯的，只是不夠完整。第三，「牧羊人領導法」的根據及靈感泉源，乃是世界上最偉大的作品之一：聖經舊約的〈詩篇第二十三〉。

〈詩篇第二十三〉是聖經中大家最耳熟能詳的一篇，常在喪禮或意外事故中引用，因此幾乎每個人都能背上一、兩句。這首詩如此風行，既是因為詩本身寫得好，也是因為帶有強烈的宗教性。就詩性而言，這首詩描繪柔弱的羊兒受到強壯、慈愛的牧羊人保護，影像鮮明有力；就宗教性而言，這首詩提醒我們有更強大的力量存在，需存敬畏之心。雖然一般認為〈詩篇第二十三〉表達了詩人受上帝的撫慰，但這首詩也為領導者灌能。本書就是要解析〈詩篇第二十三〉的領導智慧，看看從心悅誠服的追隨者手中，會寫出怎樣偉大的讚詩。

本詩作者大衛王是以色列最偉大的領導人之一，但他在登基之前是個牧羊人。現代人對「牧羊」這事常抱著浪漫的幻想，認為這是一種安詳、和平的工作，但是大衛王可不會同意這種過份簡化的想法。當時，牧羊既危險又艱苦，不分晝夜又全年無休；牧羊也是門生意，如果做不好，羊肉、羊毛、羊皮、羊奶的品質不佳，賣不出去，全家可能因此挨餓受凍。這樣看來，大衛王這首關於牧羊的詩，很可以作爲二十一世紀工商界領導人的借鏡。

請用這種全新的觀點重新省視〈詩篇第二十三〉，看這位追隨者對領導人有何看法；也許你已經相當熟悉這首詩，但請務必抱著「第一次」的心情重讀一次。請特別注意這位追隨者語調中的滿足之情。如果你的屬下要寫一首關於你的詩，會寫些什麼？

耶和華是我的牧者，我必不至缺乏。
他使我躺臥在青草地上，領我在可安歇的水邊。
他使我的靈魂甦醒，為自己的名引導我走義路。
我雖然行經死蔭的幽谷，也不怕遭害；因為你與我同在，你的杖，你的竿，都安慰我。
在我敵人面前，你為我擺設筵席；你用油膏了我的頭，使我的福杯滿溢。
我一生一世必有恩惠慈愛隨著我，我且要住在耶和華的殿中，直到永遠。

本書其餘章節會探索這首詩的領導智慧。這首聖詩的每一節都可以開啓意想不到的全新見解，改變我們對領導角色的看法。在進入正文之前，我們要先說明牧羊人領導法的特別之處。

牧羊人領導法的由來

現今關於領導的想法與運作方式，多半起源於工業時期，而且其來有自。新科技刺激了工業時期的發展，也帶來了新需求，因此世人迫切需要新的領導型態，而管理學大師紛紛做出了精彩的回應。走在時代尖端的思想家，例如科學管理之父泰勒（Frederick Taylor）之屬，爲美國領導人提出了成效取向、機械中心的模式，結果生產力激增。在管理制度上提出創見者，如通用汽車（General Motors）前總裁史隆（Alfred Sloan），使多層次組織的理論更加完善，以營利爲目標的企業亦因此達到前所未有的規模。工業時代的新領導典範創造出經濟奇蹟，但在延續了將近四分之三個世紀後，開始出現裂痕。

工業時期的領導方式儘管影響日漸深遠，也累積了不少財富，卻開始讓批評者扣上「不人性」、「機械主義」、「短視近利」的大帽子。批評的聲浪中，最有影響力的包括管理大師羅伯・格林里夫（Robert Greenleaf），他所寫的《僕人領導學》（*Servant Leadership*）現已成爲經典；在書裡他以「僕人領導」的觀念回應工業時期的難題。此外，格林里夫還在其他著作中提出強而有力的論據，說明必須要有人性化的僕人領導，才能建立有效能的組織和社會。格林里夫作品中的精闢見解很快獲得認同，僕人領袖的形象也廣爲大眾接受，認爲這是一帖良藥，有希望根治工業時期典範的弊端。

格林里夫倒轉了工業時代的權力金字塔，獲得新的見解。他的成就其實沒什麼驚人之處，因爲他不過是採用了相當古典的創意技巧：把手上的東西顛倒過來，看看能否激發出新的想法。舉例來說，別問：「怎樣泡出全世界最好喝的咖啡？」改問：「怎樣才能泡出全世界最難喝的咖啡？」或是從「怎樣才能降低人事流動率？」跳到「怎樣才能使流動率提高三倍？」格林里夫不過是問對了問題：「如果有人選擇先當僕人再當領袖，會有什麼結果？」

格林里夫的見解，我們多半同意。僕人式領導引領我們走上正道，但這還不夠。在尋找新領導模式靈感的過程中，我們並沒有倒轉組織的權力階層，而是逆轉歷史的時間線。我們跟隨〈詩篇第二十三〉，繞回了農業時代，發現出奇有用的管理模式——牧羊人領導法。

在〈詩篇第二十三〉中，領導者以清晰的牧羊人形象出現，做的是僕人的工作，卻不僅於此。和僕人相同的是，牧羊人照顧羊群的需要。這種關係表面上看來是單向的，但萬一牧羊人沒有善盡僕人的角色，羊兒並沒有能力照顧自己，很快就會陷入困境。羊群需要僕人領袖為牠們找水、找食物、包紮傷口，甚至在情況惡劣的時候揹著走。可別誤會了，牧羊人確實有很多服務性的工作，但若牧羊人僅僅扮演僕人的角色，羊群很快就會發現自己麻煩大了。

僕人式領導不重視階級與地位的差異，而牧羊人領導法則直接將領導人置於追隨者之前，成為追隨者的榜樣。瑪姬．蓮娜．渥克（Maggie Lena Walker）出生於一八六七年，正是美國南北戰爭後的「重建時期」（Reconstruction），當時非裔美籍女性多半替人幫傭。渥克屬於黑奴解放後誕生的第一代，選擇走上牧羊人老闆一途，不當別人的奴僕。篤信上帝的渥克，在三十二歲接手一家奄奄一息的保險公司，這家公司的銀行存款只有四十美元，負債卻超過四百美元；渥克使這家公司脫胎換骨，成為非常成功的企業，有超過七萬美元的存款準備，十萬以上的會員，其中大部分屬於弱勢族群。

一九三四年渥克過世前，總共創建了一家銀行、一家報社、還有一家百貨公司，全都位於維吉尼亞州的芮奇蒙（Richmond），服務當地的非裔美人。渥克的銀行提供房貸給黑人社群，貸款給弱勢族群所經營的生意；渥克的百貨公司從創建者、員工、到服務的客戶全都是黑人，在當時可說是革命性的成就。渥克以牧羊人老闆的身份身先士卒，找出一條康莊大道，既滿足了追隨者的需求，又不會走得太前面以致脫離群體。領導人如果能夠意識到，自己的行動和決定可以永遠改善追隨者的生活品質，就會像渥克一樣成為牧羊人老闆。

牧羊人領導的定義

牧羊人領導法是一種「全人領導法」，不光是改變一些想法或作法而已，而是全面整合心、手、腦，也就是「思考方式」、「行事方式」、以及「生活方式」。

首先，牧羊人領導法是一種「思考方式」。野地中的羊群不可能自己擬定計畫，就我們所知，動物沒有預見未來的能力，因此牧羊人在野外的首要工作，就是思考，而且是前瞻性的思考。雖說人類具有思考未來的能力，但並非每個人都懂得運用這種能力；很多人明知計畫未來很重要，但是光是應付每天的生存壓力都來不及了，根本無力想到未來。正因如此，牧羊人領導法便有發揮的空間。

牧羊人領袖有點像個好導遊；字典上說導遊是陪伴旅行者的人，幫助旅人在不熟悉的地方活動，或是前往陌生的目的地。如果你遇過很棒的導遊，就會知道導遊可以讓旅行成爲多麼美好、有收穫的經驗；好的導遊不會嚴密控制你的一舉一動，卻可以用某些方式幫助你，讓你看得更多、學得更多，這是獨自旅行所不可能獲得的。

牧羊人領袖還有個特色，就是反應敏捷，可以在幾分鐘之內，就從深思熟慮的模式「換檔」到當機立斷的決策的模式。大部分人都知道好的領導者要兼具上述二種特質，但是很少人瞭解領導者「換檔」的速度必須有多快。牧羊人老闆必須永遠高瞻遠矚，預先設想下一個目的地，想出最好的途徑達陣；途中有青翠的草原，也有危險的山谷，牧羊人都必須考慮到。在本書後面的章節中，我們會探討牧羊人如何帶領羊兒走上正確的途徑，未雨綢繆，建構光明的未來。

牧羊人領袖往往必須獨自思考，卻不能獨力行事。在野外，牧者要走入羊群，滿足羊群所需；同樣地，牧羊人領袖也要悉心照顧屬下。在〈詩篇第二十三〉中，我們看到上帝這位牧者爲他的信徒做了一件非常重要的事：開創豐美的環境。在古代，羊群可以享有青翠的草原，是因爲牧羊人在野地裡辛勤地開墾；可見若領導人能提供豐美的環境，一切自然會欣欣向榮。牧羊人領袖也要走進追隨者之中，瞭解並滿足他們的需求，還要解決衝突歧見，斬除刺人的荊棘和障礙。有牧羊人的地方，就有豐衣足食的生活。

最後，牧羊人領導法也是一種生活方式，特別是一種與追隨者「感同身受」的生活方式。「感同身受」不只是爲追隨者做事或爲他們著想，更是指有能力、有意願站在追隨者的立場去看事情，這是牧羊人領導法最大的特色。大衛王能夠從臣民立場去思考生活，〈詩篇第二十三〉便是最強而有力的例證。

如果認爲「牧羊人與羊群」的關係只對牧羊人單方有利，目光未免太短淺；事實上，牧羊人與羊群之間是一種互惠互利的關係。在牧羊人的保護之下，羊兒可以活得更久、更健康；同樣地，牧羊人因爲養了羊，衣食來源穩定無虞，不用到處打獵採集，也能夠更長壽、健康。歷史學家認爲，若非羊群願意接受牧羊人馴養成爲家畜，早就自然滅絕了。很多古文明都圍繞著人與羊的關係而發展，當時的羊並不被視爲「啞口畜生」，而是具有很崇高的地位。

牧羊人老闆的特色，除了前瞻性的思考，同時還要「深入」羊群。牧羊不能靠遠距離遙控，需要頻繁的接觸。牧羊人不該窩在角落的辦公室裡，發送一張張的公文、備忘錄，眞正該做的是：披掛上陣，親身引導，樹立模範。牧羊人領袖該如何與羊群相處、引導不朽的靈魂、培養追隨者的忠誠度、同時扮演好領導者與追隨者的角色，這些重要的領導面向，都會在相關章節中詳細闡述。

第二章
滿足羊群的需求

〈詩篇第二十三〉：

「我必不至缺乏。
他使我躺臥在青草地上，
領我在可安歇的水邊。」

戴文波還記得自己在急診室裡告訴醫生，他在滑草的時候，並不覺得在夏天乘坐塑膠雪橇滑下山道有什麼危險。醫生的回答是：「這個呢，只要是肉包鐵從事高速運動，就會有危險。不過出事倒楣的總是人，可從沒聽說雪橇少塊肉。」在佛蒙特州和家人度過短暫的假期後，戴文波因爲一邊大腿骨折而進了醫院。全身最長的一根骨頭折斷，讓他對人生有了新的體認。

先是住院，之後復健期間又要撐著枴杖行走，在此之前戴文波從不知道自己多麼「需要幫助」。以前他的生活可以自給自足，行有餘力還可以常常幫助別人，但是躺在病床上的時候，幾乎全得依賴護士和其他人來滿足他的需求；就算出了醫院，一條腿又腫又不靈活，連自己穿襪子都辦不到，雙手撐著枴杖，更是連拿杯水或端盤東西吃都有問題。他學到的第一個教訓是：向別人開口求助，並接受幫助；但這對一向自立自強的人來說並不容易。幸好他五歲的兒子很懂事，每天早上都幫爸爸穿襪子，其他人也開始注意到老爸的需要。

戴文波學到的第二個教訓比第一個更意義深遠。放慢了平常衝鋒陷陣的生活步調後，他開始注意身體有障礙或有特殊需求的人。因爲不得不讓別人照顧，讓他建立起新的人際關係。本來他是大老闆、老爸，一旦需要仰仗別人，改變了他對人的看法。根據戴文波自己的說法，放慢腳步，對其他人更能感同身受，使他一改以前當校長的威嚴姿態，變得「更有同情心、更溫柔體貼」。比如說，做物理治療的時候，他會伸手扶人一把，替對方加油打氣。要獲得這種思想的進展，當然不是非要跌斷一條腿不可，不過他自己也承認，在休養腿傷的那段時間，他確實覺得更欣賞自己。

需要照顧的羊群

羊群就像住院的病人或新生的小嬰兒，有需要的時候多半不能自己解決。雖然沒聽說過羊會滑雪橇，但是羊也會有身體上的問題。「外患」有寄生蟲的攻擊，例如跳蚤、虱子、疥癬；羊身上有寄生蟲就沒辦法休息，忙著用嘴或蹄清理這些寄生蟲，不然就是對著籬笆磨蹭身子，還把寄生蟲傳染給同伴。「內憂」則有無所不在的寄生蟲，寄生在消化系統、喉嚨、肺部，甚至腦部；消化系統的毛病也很常見。

此外，還有所謂的「社會問題」。雖然在我們的想像中，羊群似乎總是生活在愉快安詳的田園景致中，但是羊群內的衝突紛爭往往是牧羊人的大挑戰。不過，最嚴重的威脅，還是狼群和其它掠食者，只要有機會就發動攻擊，享用一頓羔羊大餐。面對這些危險，羊群毫無招架之力。

就連滿足羊群的日常生活所需，也可能成爲一項大工程。羊群往往棲息於乾燥貧瘠的土地上，古今皆然。想像中的青翠草原，也許可以在英格蘭的鄉間看到，但絕對和大衛王當年在以色列牧羊的景致大相逕庭。青青牧草不會平白冒出，可安歇的水源也不是隨處可得。滿足羊群的這些需求，是牧羊人的工作，日日煩擾著牧羊人。

儘管滿足羊群的需求不是件容易的事，大衛王還是大膽地做出驚人的宣告：他說，追隨他的領導人，使他不致缺乏；他的需要獲得滿足，別無所求。這個消息可眞是好上加好：一方面既不用因爲匱乏而感到不安，另一方面又可以因爲願望實現而感到安詳滿足。就像廣告詞裡所說的：乳牛吃飽喝足，奶才會多！羊群吃得好、睡得飽，生產力自然遠超過老是得對抗疾病、野獸、飢餓的羊群。

但是大衛王還沒說完，他不僅「不致缺乏」，而且最重要的兩項需求：食物和水，也獲得了充分的供應。他的領導人竭盡心力，要讓他在青草地和可安歇的水邊愉悅度日；爲了在貧瘠的土地上創造出青草地，牧羊人必須在野地中勤勉地工作、清地、整地，還要時時更換放牧地點，因爲如果放任牠們不管，羊兒會在同一處地方吃到寸草不生爲止。此外，羊群必須要有安全感，完全排除任何威脅，才能安心躺下來享受牧羊人準備好的豐盛大餐，如此，眼前便出現了一幅豐衣足食、心滿意足的太平盛世圖。

同樣地，「可安歇的水邊」代表了眞正的豐盛有餘。不管是羊、人類、還是其他動物，體內大部分都是水，需要隨時補充水分。羊只要吃沾有晨露的青草，就可以補足水分，但牧羊人還是得努力鑿井、找尋池塘，因爲如果沒人看著，羊群還會飲用不乾淨的水。羊群天生害怕湍急的溪流——想像一下自己穿著羊毛大衣游泳，大概就可以體會羊兒的感受——所以「可安歇的水邊」就成了羊群最佳的飲水來源。牧羊人領袖確實滿足了羊群的需求，而且不僅於此。

牧羊人領袖滿足需求

早期公司法人或其他組織的中心思想，是員工必須滿足管理階層的需求。當然，雖然目前仍然有許多公司抱持這種觀念，但如今明智的領導人瞭解到，上層也必須滿足追隨者的需求。事實上，牧羊人領導法的重要特色之一，就是讓老闆以滿足員工需求爲目標。

心理學家馬斯洛（Abraham Maslow）提出人類的需求是有層次的，這項研究成果很可能就是觀察放牧羊群的心得。在一九五四年出版的《動機與人格》（*Motivation and Personality*）一書中，馬斯洛指出，人類要提昇境界，達到超越自我或自我實現的目標，必須先滿足求生存的基本生理需求，例如食物、空氣、水、睡眠、庇護的居所，然後必須感覺不受疾病、危險的侵襲；接下來是歸屬感，由他人的接受、感情、瞭解所獲致；靠近金字塔頂端的是自尊、自重、地位、他人的尊重等需求；等到這些需求滿足了之後，個人才能充分發揮潛能。

這套模式對牧羊人領袖而言的確意義深遠。如同「不致缺乏」、心滿意足的牛羊，人也是需求獲得滿足後才能達到最高的工作成效，而且人的需求不僅限於經濟層面，今日職場裡還可能出現各式各樣的要求，遠超出馬斯洛五十年前的觀察所得。

調查報告始終顯示，員工表現優異的最主要需求或動機並非金錢。羅勃海佛國際公司（Robert Half International）的一項調查指出，現今雇員的離職主因在於「缺乏鼓勵與成就感」。鑽石纖維產品公司（Diamond Fiber Products Inc.）副總裁兼財務長丹尼爾・波伊（Daniel Boyle）提到，公司一位女性員工逢人就展示她的「百大俱樂部」夾克，這是公司的獎勵品，發給有特殊貢獻的員工；她到處獻寶的原因是：「十八年來我爲公司作牛作馬，這是我第一次獲得肯定。」她的工作賺進了薪水，但這件尼龍與棉混紡的夾克，卻爲她賺進成就感。各位不妨翻翻鮑伯・尼爾森（Bob Nelson）的作品：《一千零一種獎勵員工的方法》（*1001 Ways to Reward Employees*）、《一千零一種激勵員工的方法》（*1001 Ways to Energize Employees*），裡面有許多實用的建議。

網路當紅時，走一趟矽谷的高科技公司，可以看到桌球桌、撞球臺，還有現代員工的「青草地」和「可安歇的水邊」——提供免費食物的吧台，從糖果、飲料、到早餐吃的玉米片應有盡有。當然，免費的糖果和咖啡與其說是獎勵，不如說是超時工作和加班到深夜的小小補償。由公司出錢舉辦活動，更是視爲理所當然。如今，員工要求要有參與感，或至少要熟悉公司的發展方向。

簡言之，牧羊人領袖必須謹記在心，他們的一舉一動必須以屬下的需求爲出發點。牧羊人領袖的主要任務，不僅是掌握屬下的時間，更要掌握屬下的心與腦。要做到這一點，牧羊人必須日夜留神觀察羊群，無私地滿足他人的需求。牧羊領導中最難達成的精髓，就在於瞭解「滿足需求」對組織運作的價值，然後朝這個方向改造管理架構。

發現需求

第一個發現水的是誰？肯定不是魚。我們身處組織中，很難看出其他人眞正的需求；如果從管理金字塔的頂端往下看，就更難看出什麼端倪了。老布希總統在競選連任時就吃過這種虧：如果領導人顯露了一丁點「不知民間疾苦」的兆頭，群眾很容易抓住這一點大加撻伐；當時有人質疑總統先生不知道牛奶的價格，又因爲他在超市看到當時已經相當常見的條碼機吃了一驚，拿來大作文章。想當然耳，美國總統不可能逕自開車到超市買牛奶，而且他之所以對條碼機感到驚訝，不是因爲「有條碼機」，而是因爲「條碼機的使用竟然如此普遍」；然而這些事例還是造成一種印象，讓人覺得老布希渾然不知一般美國人生活中必須面對的經濟困境。相較之下，柯林頓的助選團隊就聰明多了，在一九九二年競選時不斷打出口號強調：「笨蛋！經濟問題才是重點！」（It's the economy, stupid.）

要探索員工需求，一開始應該先從組織內部著手，內部需求又可分爲個人的需要與組織的需要，兩種都必須深入發掘並著手解決。另一個重點是要區分「需要」和「想要」。滾石合唱團的歌詞裡說得很清楚：「想要的不是全都要得到。」牧羊人老闆可不是聖誕老公公，見人就送禮。還有另一個一開始就必須認清的前提是，組織內部有許多不同的族群，有客戶、股東、經理、店員、門房等等，全都有不同的需求，得老練地辨明、確認必須滿足的正當需求。

當然，領導是門「人」的學問，最重要的除了「人」還是「人」；要瞭解人的需求，得先學會積極的傾聽。領導人常常接受訓練，在大眾面前演講，卻幾乎沒接受傾聽的訓練，可見我們一直都是本末倒置。事實上，隨著職位越來越高，因爲每一句話都份量十足，而且傾聽的機會變多了，領導者開口的機會反而越來越少。牧羊人老闆必須花費大量的時間傾聽羊群的心聲，要他們說出成功之樂、失敗之苦、面臨的挑戰、無法解決的問題，如此才是眞正的傾聽，才能達到有效溝通、瞭解需求的雙重目標。

牧羊人老闆自有一套傾聽的方式，可以眞正瞭解羊群的需求。牧羊人聞雞而起，頭一件事就是檢查羊兒是否安然度過黑夜，是否依然健壯活潑，能展開今天的旅程。然後在白天裡，牧羊人得找幾個居高臨下的好位置，才能隨時關照羊群。到了夜裡，牧羊人還是得張開一隻眼睛和耳朵，就像家裡有青少年的父母一樣，隨時細察風吹草動。照顧羊群的需求，確實是個二十四小時的全時工作。

傾聽屬下說話，是有目的的傾聽，不僅要聽到內容或重點，還要能去體會他們所處的情境、士氣低落還是高漲。聖方濟（Saint Francis）著名的祈禱文爲這種傾聽下了最好的註解：「主！求你教我：寧瞭解人，不求人瞭解。（Lord grant that I may not seek to be understood as to understand.）」

你做個實驗就會發現，你常自以爲聽進別人說的話，實際上卻只接收了一部分訊息，其餘時間則是在盤算如何回應。牧羊人領導會盡力控制自己這股想要回話的衝動，因爲瞭解羊群的狀況，是一件攸關生死、攸關公司利益的大事。牧羊人領導之所以傾聽，是爲了瞭解、聽出弦外之音，而不是爲了讓人瞭解。

然而光是傾聽還不夠。就像羊兒沒辦法直接開口對牧羊人說出牠們的需求，員工有時也不清楚自己的需求，因此無法傳達給領導人知道。戴文波從自己的領導經驗發現，針對員工與公司的需求進行更具體的調查，是值得付出時間與金錢的投資。在所有個案中，戴文波都收集到非常寶貴的資料，幫助他看出必須獲得滿足的深層需求。

爲了找出個人需求所在，戴文波邀請一位管理心理學專家，請他先調查經營團隊，而後再深入整個公司。專家給團隊成員做測驗，評估大家的工作能力、需求、壓力反應，但是剛開始並不順利，因爲受試成員不曉得這是什麼樣的測驗，也不知道結果要拿來幹什麼。爲了「破冰」，幾個高層牧羊人老闆出來打頭陣，答應讓心理學家公布這些領導人的測驗結果，這樣一來激起了其他經理人的興趣，每個人都躍躍欲試，最後大家一起學到很多東西。瞭解並尊重不同需求，以及學習如何更進一步滿足彼此的需求，爲公司日後打下了堅實的基礎。

正式評估公司需求也有其必要。這樣做可以讓整個公司知道你在乎他們。有句話說的好：「我不在乎你知道什麼，除非我知道你眞的在乎。」至少每兩、三年，就要全面調查公司的需求和士氣，並和之前的資料比較；更重要的是，調查之後要公布結果，並確實採取後續行動，才能顯示你眞的聽到了員工的心聲。

有一次，戴文波覺得有必要親自到某個部門，花點時間一一傾聽每個成員的意見，這個部門大約有二十到二十五個員工。這是一種加強版的需求評估法，無法經常實施，但是不論是對牧羊人老闆還是羊群，都是意義深刻的互動經驗。戴文波能夠直接聽到這個部門的需求、瞭解他們的需求，這個經驗意義重大，而且決定了身爲領導人所應該採取的基本行動。這也再度證實，傾聽的過程和聽到的內容幾乎同樣重要。

滿足需求

戴文波採用的心理量表稱爲「伯樂門測驗」（The Birkman Method），分成數個領域，顯示一般日常生活中的表現、需求，以及需求無法滿足時的反應。需求獲得滿足時，往往能夠表現優異，甚至達到巔峰；需求無法滿足時，就會感到壓力，展現出來的行爲可想而知。我們的日標當然是盡量減少壓力，盡可能發揮力量，而這些都是需求獲得滿足之後的結果。這可以說是整個調查的精髓所在。

學會解讀下屬的壓力行爲，看出他們的需求是否沒有獲得滿足，是一種重要的能力。有些人會變得多話，好讓你知道他們有所求；有些人卻會躲回辦公室，關上大門不理你。不論是哪一種狀況，你都必須瞭解這種行爲背後的含意，找出尚未獲得滿足的需求。需求無法獲得滿足對員工產生的負面刺激，比起需求獲得滿足時的刺激更強烈，這對老闆來說是個不幸的消息。如果坐視不管，負面刺激會一步步將最優秀、最具生產力的員工推往黑暗漩渦，從此一蹶不振。

玫琳凱．艾許女士（Mary Kay Ash）創辦了知名的玫琳凱公司，提供當時許多家庭主婦兼職以及獲得發揮及認同的機會。玫琳凱化妝品公司強調創造培育人才的企業文化，提供許多獎金、獎品、成就表彰，獎勵表現傑出的員工，其中包括了出名的粉紅色凱迪拉克，送給最頂尖的美容顧問。美美家庭清潔公司（Merry Maids）發現員工有許多特殊的需求，例如需要理財顧問、生日有人送送小禮物等等；因為滿足了這些需求，所以雖然清潔公司的員工流動率很高，美美的員工忠誠度卻一枝獨秀。

這樣看來，牧羊人領袖和傳統的領袖形象實在相去甚遠；牧羊人不會強硬地驅趕羊群，而是以耐心、恆心、關心、觀察獨到、工作勤奮為其特徵。這些正是牧羊人領導所應具備的特質，如此才能發現並滿足其他人的需求。牧羊人領導必須學會與人相處，洞察他人的感受與想法，耐心觀察別人行為上的變化，並採取適當的反應。可別以為這些作法是軟弱的表現，牧羊人也有強韌的一面，耐心、恆心、勤奮工作等特質，更不是軟弱的心智所能具備的。

戴文波和我都曾經遇到好主管，以幫助我們滿足需求為己任，使我們獲益匪淺。大學校長一職，是個全年無休、壓力龐大的工作，但是佩伯丁大學的董事會在戴文波擔任校長期間，全力配合滿足他的需求，使得他工作起來更得心應手；同樣地，我在貝勒大學（Baylor University）教書時，上級也運用巧思解決了排課和研究資金方面的問題，我才能在教學和學術兩方面表現優異。感覺受到支持的時候，我們投注在工作的心力往往出乎自己的想像。就是因爲有這些開明的牧羊人，我們才得以看出滿足需求的領導方式價值所在。如果你對屬下有基本的信任和信心，滿足他們的需求可以促使他們更加把勁，這對你自己、對他們、對你們所服務的公司都有益，可以說是三贏的局面。

如果努力之後，領導人和下屬還是無法趨於一致，部屬的需求無法獲得滿足，那麼部屬就該自行離開，不然主管也該請他走路。有位當代牧羊人老闆肯定了我們的看法：若是有隻羊老是快樂不起來，或者心有不服，對牧羊人和整個羊群都會產生負面的影響，此時應該給這隻羊一個機會，前往別處尋找快樂。

幾乎所有的案例都顯示，對不快樂的羊來說，離開原來的羊群，對牠本身、對牧羊人和留下來的羊群而言，都是最好的作法。

就某種程度上而言，經歷重重苦難的大衛王竟然能在讚美詩中宣稱「我必不致缺乏」，實在值得注意。大衛王先是要躲避前任君主掃羅的追殺，後來甚至自己的兒子押沙龍也起兵叛變，他在聖詩中的敘述，相當程度地反應出滿足的追隨者所具有的心態，但是同時也揭露了牧羊人領袖最重要的特質之一：有能力藉著滿足基本需求激勵屬下，以建立領導地位。

給牧羊人的思考習題：

●若把領導統御想像爲滿足需求的過程，你有什麼感覺？討厭？受到鼓舞？還是覺得負擔很沈重？不論如何，開始思考就是好的開始。

●你是否曾經正式調查手下個別員工或整個組織的需求？調查到什麼程度呢？

●心滿意足到能夠說出：「我別無所求」，會是怎樣的感覺？工作要達到怎麼樣的條件，才能讓你說出這樣的話？

給牧羊人的行動建議：

●找兩、三個部下，詢問他們的需求，公司或你幫他們完成了多少。記得採用積極傾聽的態度，注意他們的反應。

● 表列出你所能想到自己在工作上的需求。然後和另一半或要好的同事討論，讓自己更清楚需求所在，同時學習與人分享。

● 爲自己打分數，以一到十的分數評量自己傾聽時的表現。然後請一些同事爲你評分，比較分數的差異。

第三章
引導不朽的靈魂

〈詩篇第二十三〉：

「他使我的靈魂甦醒。」

奧斯卡．辛德勒（Oskar Schindler）深得牧羊人領導法的精髓要義。你可能知道辛德勒是《辛德勒的名單》這部電影或小說的主人翁。二次世界大戰中，辛德勒庇護了一千多名猶太人，引導他們走過世界歷史上最黑暗的幽谷；他的策略出人意料：雇用猶太人在他的工廠工作。辛德勒的行動顯示出，商業行爲不止是生產產品，更可以昇華至濟世救人的層次。

辛德勒所展示的勇氣、積極進取的精神、仁慈善良的情操，都是牧羊人領導中不可或缺的特質。他常常冒著生命危險，以各種方式禮遇猶太員工。他在工廠建置了一個安全的小天地，讓猶太教拉比主持安息日禮儀，還讓工人用工廠的烤箱烘焙逾越節吃的無酵麵包；他撥出一塊地，讓猶太員工死後得以安息；還有一次，一位猶太工人送他禮物，他感激之餘親吻了這位工人，這個舉動不論在何種文化中，都是人性的展現。然而，戰後辛德勒卻遭到逮捕，差點入獄，只因爲他以人道的方式對待戰時的「賤民」。雖然身爲納粹黨員，辛德勒卻不像其他納粹份子把猶太人看成動物，而是把猶太員工當成有靈魂的人類，在他的工廠裡絕對沒有毆打或謀殺案件。

辛德勒是牧羊人的最佳範例，堅持必須行事正當，而不是只擔心短期利益。畢竟，在只關心金錢獲利的人眼中，辛德勒的同情心帶來的回報少得可憐。戰爭期間辛德勒的事業爲他賺進一大筆錢，但是德國投降的時候辛德勒卻身無分文，因爲他所有的錢都拿去打通關節，保護猶太員工的生命安全。而且他的故事數十年來一直不爲人知，直到某個鍥而不捨的猶太倖存者終於爭取到一位作家的注意，之後又拍成了電影。辛德勒過世前，受尊爲「義人」（Righteous Person），並獲邀在耶路撒冷納粹大屠殺紀念館（Yad Vashem museum）的「正義大道」（Avenue of Righteous）上植樹。

每隻羊都重要

羊群不但需要牧羊人保護牠們不受野獸攻擊，也需要牧羊人設立邊界，免得迷路。儘管羊有強烈的群居本能，還是會有羊變節背叛，奔向自我毀滅的道路。我們常在圖畫中看見迷途的羊兒與四處尋找的牧羊人，可見羊兒確實有能力對抗群居的天性，超越牧羊人所設的障礙，違背求生的意志……就是要出走。

為何牧羊人會放下整群羊不管，去找那隻笨到竟然走失了的羊？從成本效益的觀點看來，尋找迷路的羊毫無經濟效益可言，不如乾脆認栽，把邊界弄得更穩固，然後照樣過日子。為什麼要為了一隻羊離開崗位，置整群羊於險境呢？

首先，牧羊是非常感性的工作，好的牧羊人會為每隻羊取名字，通常名字代表了這隻羊的獨特之處；比方「大隻」、「小隻」指的是羊的體型，「跳腳」、「獨耳」來自羊身上的缺陷，還有一些像是「髒鬼」、「聒噪」這一類名字，則是因為羊所展現的獨特個性。顯然對牧羊人而言，羊絕對不僅僅是商品而已。

其次，誤入歧途的羊兒可能跑到不該去的地方。凱斯·林區（Keith Lynch）若是讓羊走失，很可能會接到保護美國總統安危的特勤局人員的電話，誰叫他的牧場位於德州的克勞福德，剛好緊鄰著小布希總統的「草原教堂牧場」（Prairie Chapel Ranch）呢？林區告訴我們：「羊會穿過籬笆上的破洞，本來就是很自然的事。」在我們的想像中，迷路的羊是在荒野中四處遊蕩，但是林區的遭遇讓我們知道，走失的羊其實往往跑到別人的領地上；如果別人的領地剛好又有特勤局人員看管，那你就只能禱告迷途的羊兒可別在那兒闖禍。「你得好好照顧迷路的羊」，林區苦笑地說。

與不朽的靈魂共事

路易斯（C.S. Lewis）在〈沈重的榮耀〉（The Weight of Glory）一文中論及：「世上沒有所謂的普通人。你說話的對象，絕對不僅僅是生命會消逝的凡人。國家、文化、藝術、文明——這些是會消逝的，這些生命對我們的生命來說，就像螻蟻一般無足輕重。但是我們一起談笑的、一起工作的、結爲終身伴侶的、斥責的、利用的，這些對象是永恆不朽的……除了耶穌聖體，你所能感知到最神聖的物體，就是你周遭的人了。」

要成爲牧羊人，就要認清這個事實：和你一起工作的，都是不朽的靈魂。著名的英國社會批評家喬治·歐威爾（George Orwell）聲稱，再沒有比因爲普遍喪失對永生的信仰，對現代人生活所造成的損失更來得嚴重。沒有了靈魂，人類就和其他動物沒兩樣，可以像商品一樣買賣；有了靈魂，人類就成了獨一無二的崇高創造物，不能隨隨便便地使用、丟棄。這大約可以說明辛德勒的遭遇，戰爭一開始，他抱持著投機的心態，想利用廉價的猶太勞力發戰爭財，但是在這個過程中，他在工廠裡感受到了不朽的情操，開始把工人當成神聖的創造物對待。

同樣地，牧羊人領導法就是學習把永生不朽的靈魂當成透鏡，透過這副鏡片，去看自己和他人。這不是件容易的事，因爲我們有種「週日上教堂，週一上班去」的心態，把精神和物質生活分隔開來。寫這本書的過程中，我們和許多人聊過，其中不只一人提到，在以工作成敗爲導向的商業世界中，要維持以「人」爲中心有多麼困難。有位經理對我們說：「我才不管他們是不是生病了。我只想知道誰要來接手管理工作站。」但是同時這位經理也承認，這種態度非常短視近利，其實他非常關心屬下。

在他人身上看到永恆不朽的靈魂，不見得會使困難的情境變簡單，只不過是聚焦於牧羊人領導所面對的困境之一：我們同時活在物質和精神的世界中。體認這個矛盾後，會爲我們的領導動機與行爲帶來某種張力。最棒的是，看到其他人的靈魂不會限制我們的選擇，而是讓我們看見更多可能的回應方式，如果我們看不見靈魂，很可能就不知道可以這樣回應。

相信和我們一起工作的都是上帝所創造出來、具有永恆生命的人，使我們在與人衝突或受到誘惑時，會有不同的互動方式。請把不朽的靈魂當透鏡，透過這副鏡片去看以下情境中的人物，並思考情境中的動力會有什麼轉變。

- 有個難纏的客人老是對你的產品挑三揀四，想盡辦法殺價。有一天他來拜訪貴公司，不小心倒車撞上公司大樓，局面頓時逆轉。
- 你覺得有個同事很有吸引力，他也顯然接受你的言語挑逗。你們兩個目前都正經歷婚姻危機，此時你和這位同事一起出差，很有可能發展成外遇。
- 原先的業務經理二年前自立門戶，和你搶生意，以厚顏無恥、自我吹噓的手段招攬客戶，一再散播不利於你的謠言。後來他的公司倒了，出乎你意料的是，他竟然來向你應徵一份低階的業務工作。
- 有個強硬的競爭對手在新聞媒體上猛烈抨擊你的公司，散播惡意的流言。雖然這份報導確實有幾分眞實之處，但是細節遭到過度渲染，令你受到不必要的誹謗，甚至是惡意中傷。此時一場突如其來的大火毀了對方的辦公大樓，本地的報紙請你發表評論。

在這些艱難的時刻，靈魂賦予了個體人性，否則我們很可能會依照刻板印象把這些人當作敵人。就算這個人是故意傷害我們，我們還是可以選擇「以直報怨」，而非以牙還牙、以眼還眼。除了以直報怨，我們還可以更進一步去地原諒、和解、同情，儘管難以做到，不過一旦我們體認到人我共同的永恆命運，就眞的有可能實現。

靈性的領導

領導人若能透過不朽靈魂的透鏡去看生命、看他的追隨者，就更能夠成功改造工作環境，滋潤員工的物質與精神生活。我有個朋友叫做史考特，在德州維科市（Waco）一家智利菜餐廳擔任經理，他的母公司老是以金錢和績效衡量他的工作表現，但是史考特個人卻堅持奉行兩個推崇靈性的原則：讚美與殷勤待客。

你比較想在哪一種餐廳用餐？是在只靠紅利激勵員工的餐廳，還是用紅利、讚美、殷勤好客來激勵員工的餐廳呢？批評者可能會說這些動機不可能同時存在，但是史考特深信：「只要繼續專心讚美與殷勤好客，利潤自然會跟著來。」顯然他是透過一副不同的鏡片去看世界。

雞菲堡（Chick-fil-A）是美國最大的連鎖餐廳之一，創建人楚耶特．凱西（Truett Cathy）就是把靈性置於公司文化中心的能手。該公司不僅積極投入慈善事業，還有個出名的特點，是全美唯一不在週日營業的連鎖餐廳。由於凱西全家信奉基督教，週日休息可讓餐廳經理和員工離開工作崗位一整天，和家人相處或從事自己喜歡的活動。這個政策爲雞菲堡帶來兩大益處：第一，六個營業日達到競爭對手七天的營業額；第二，雞菲堡的員工流動率可能是所有全國連鎖速食餐廳中最低的，只有百分之五到二十五，而這個行業景氣不好的時候，員工汰換率很容易就達到百分之三百。

牧羊人老闆不一定要拆解官僚體系，其實，他們只需要承認官僚體系中有人性存在即可。舉例來說，官僚體系只會負責簽發死亡證書、印訃文，牧羊人卻會表示哀痛，想辦法幫忙。戴文波因爲父親突然過世，打電話告知在大學教書的同事，他必須請假一陣子，此時有位老師突破了官僚體系，從人性的層面向他伸出援手。莫瑟教授（Professor Mosier）知道戴文波沒有車，沒辦法回家，就叫他打包行李，三十分鐘後在宿舍門口等他；莫瑟教授開車來接他，帶他到旅行社買機票，再送他去機場。這位史丹佛教授的盛情，戴文波從來不敢或忘。

尋回社群天賦

牧羊人知道，每隻羊都對整個羊群有獨一無二的貢獻；更棒的是，兩隻羊的天賦可能相輔相成，如此一加一不只等於二，甚至可能是三、四、五。受到特別照顧的母羊總能生下雙胞胎或三胞胎，就是個好例證。羊不僅是牧羊人的資產，更是無可取代的受造物，任何一隻羊兒誤入歧途都必須領回羊群，而非拋棄不管。

猶太教的《塔木德經》（*Talmud*）有云：「拯救一個靈魂，猶如拯救了整個世界。」這一類智慧扭轉了成本效益的觀點，暗示每個個體包含的不僅是觀察者眼中所見而已。牧羊人領導法把每個屬下看成獨一無二的創造物，具有服務社群的天賦。有時牧羊人領袖的職責，就是把正確的天賦放在正確的位置，比方說幫助有天分的年輕音樂家爭取獎學金，進入頂尖的音樂學院。有時候，牧羊人領袖受到召喚去拯救那些迷失自我的人，幫助他們把天賦貢獻給更大的社群。

大部分人都同意，艾爾．帕西諾（Al Pacino）是個天才演員。提到他的電影，像是《女人香》、《驚爆內幕》、《教父》三部曲，有誰能不豎起大拇指稱好呢？但若不是有位牧羊人慧眼獨具，這樣的天才只怕要永遠埋沒了。艾爾．帕西諾在一九七〇年代初期一連串成功的影片之後，聲名大噪，放浪形骸。有一天他在餐廳遇見一位好友，照例開始另一輪豪飲。他先是玩世不恭地嘲謔對方，又三番兩次邀請對方舉杯同樂，這位朋友直視帕西諾的眼睛說：「艾爾，別這樣。想想看你到底在做什麼。」

事後回想起來，艾爾帕西諾認爲這短暫的目光接觸成了他人生中的轉捩點，拯救他脫離酗酒的生活。這位朋友是誰？是牧師嗎？是社工嗎？還是他的親戚？都不是，是他的經理暨經紀人，查理。讓世界變得更好，不只是牧師、參與某目的運動者、社工的責任，也可以擴展到企業領導人的身上。遺憾的是，很多企業領導人平白錯失許多大好機會，因爲他們認爲事不關己。身爲艾爾．帕西諾的朋友，查理並沒有打電話叫牧師來，而是自己迎上前去，以經紀人兼經理的身份，扮演牧師的角色。企業之所以存在就是爲了營利，我們再同意不過；企業不可能像社福機構，企圖拯救每一個上門求助的可憐人，否則很難長久經營下去。然而，艾爾．帕西諾的經紀人展現出，在職場還是有很多方法可以表現同情心，有效解決各式各樣的個人問題。

每個不朽的靈魂，都被賦予一種天賦，可以貢獻社群。牧羊人領袖的角色，就是讓每項天賦都能在社群裡發揮功用。艾爾．帕西諾的例子顯示，有時因爲追隨者開始走向自我毀滅的道路，使社群損失一項天賦才能；有時則由於種族主義或性別歧視作祟，使得社群抱持不當的態度，排除整個族群所能貢獻的天賦。面對這兩種狀況，牧羊人領袖的反應是一致的：確立目標，行動果決，爲社群尋回失落的天賦。

創造第二次機會

「從失敗中學習」說起來好聽，但是老實說，失敗的滋味實在不好受。舉個簡單的例子，譬如說你爭取昇遷失敗，更難堪的是這職務是由公司裡另一個人獲得；也就是說你不但失敗，而且人盡皆知。牧羊人老闆會注意失敗的跡象，找方法修復失敗者的靈魂。失敗很有可能是成功之母，但除非有人提醒，否則失敗的時候實在很難想到這一點。

愛迪生在美國專利局登記註冊了一千零九十三項專利，這個數字很驚人，但是儘管他成功了一千零九十三次，每一次的成功背後，卻有著數百次、甚至是數千次的失敗。愛迪生深諳「在哪裡跌倒，就從哪裡爬起來」的要訣，而且把學到的教訓傳承給員工。曾經爲愛迪生工作過的艾佛德．泰特（Alfred Tate）在退休前夕寫了封信給昔日老闆，告訴他：「你教了我最重要的事，就是不要害怕失敗，有時傷疤就跟獎章一樣榮耀。」

大學教授多半喜歡和班上頂尖的學生保持聯絡，但是我們卻認識一位大學教授有個特殊的習慣，就是寫信給他當掉的學生；不是因爲這位老師秉性嚴格，要去嚴厲地斥責學生，而是爲了表示歉意與邀請。這位教授不但不把過錯全都推到學生身上，反而承認學生功課不好自己也有疏失，爲自己沒達到學生的期望道歉。接下來，教授會邀請這位學生重修一次這門課程，期待有更好的成績，而不是把這位學生趕去別班。

有位我們認識的經理人，對於錯失升遷機會的屬下也採取同樣的策略。在員工要求升遷失敗時，他總是立刻去找這位員工，當面感謝他有勇氣站出來，爭取承擔更多的責任。他還會鼓勵員工繼續嘗試，並承諾密切注意是否有新的機會符合這位員工的能力和要求。我們就和羊一樣，在私人和專業的領域都有可能失足或跌倒，身爲牧羊人，得確保一失足不至成千古恨。

在宣布破產之前，安能公司（Enron）具有高度競爭力，以績效爲導向，每年績效墊底的百分之十至百分之十五員工，都會遭到開除。成功的壓力幾乎和避免失敗的壓力一樣重。這裡用了「幾乎」兩個字，是因爲對只想規避失敗的人而言，避免失敗的壓力重於一切。別忘了，在美國勝利雖不代表一切，卻是最重要的一件事。在安能公司有人胡亂下注，槓龜之後，就把損失找個名目偷偷藏起來，從此帳冊出現了惡名昭彰的「特別日」：也就是SPE，Special Purpose Entities。

只許成功不許失敗的狀況下，只能繼續加碼，或把已經損失的籌碼深深埋在沙裡。一個人這樣做還沒問題，但若所有人都這樣做，整個架構就會像用紙牌蓋成的房子一吹就倒。有趣的是，有人認爲，如果安能當初承認損失，而不是讓債務越滾越大或是藏起來，很有可能度過難關存續下來；當然，之後公司可能會經歷一、兩年的困境，但是至少不會倒閉，安能也不會成爲醜聞的同義詞。

不論在公司內外，牧羊人老闆都可以爲人創造第二次機會。求職者若有犯罪、吸毒和酗酒的紀錄，往往一再爲這些紀錄所苦。就算他們改過自新，一旦公司發現他們曾經被判刑或有吸毒紀錄，還是會猶豫。其實只要有個雇主肯冒險，他們就能證明自己確實有能力成爲好員工，但問題是這個機會多半永遠也盼不到。

一九七九年，約翰・貝克特（John D. Beckett）和艾德・席堡（Ed

Seabold）找到一種方法，讓一些有「污點」的人得以重回職場，發揮天賦才能。他們創建了艾德溫工業公司（Advent Industries），這是一家營利的公司，分包貝克特所擁有的貝克特企業（The R. W. Beckett Corporation）的業務，這公司是美國最大的家用暖氣油爐製造商。兩人的目的是，建立一家公司，讓背景紀錄有問題的人可以暫時棲身，然後再用這份工作經歷去找永久的工作。在一九七九至一九九八年間，艾德溫公司雇用了一千多名員工，有些馬上就被刷掉了，因爲他們無法適應正常工作所要求的紀律，但是其他留下來的人，在工作了半年到兩年之後，便能用這份成功的工作經歷向其他雇主證明，雇用他們並不是一件高風險的事。許多艾德溫的「畢業校友」持續走向成功就業的道路，而且抬頭挺胸，決心向前；若非有艾德溫的幫助，是不可能做到的。

要成爲牧羊人，必須發自慈悲與同情之心去過無畏的生活。慈悲代表「得饒人處且饒人」，公理正義判決此人該受處罰的時候，你未必要處罰他；同情代表「人溺己溺」，就算按公道此人不配獲得任何東西，你還是去提供所需。因爲親身體驗過別人的施捨，牧羊人領袖才能具有慈悲與同情之心。大衛王的一生和執政過程歷經重重苦難折磨，有背叛、造反、通姦、謀殺、還有喪子之痛，儘管有這許多失敗挫折，至今我們仍然認爲大衛王是「合上帝心意的人」，因爲他從失敗中看出人性，留下榜樣鼓勵後人從失敗中站起來。他寫下了這篇舉世讚譽的聖詩，確實爲我們帶來莫大的激勵。

給牧羊人的思考習題：

- 「永恆不朽的靈魂」這種觀念，會如何影響我和屬下的互動？和客戶的互動？和助理的互動？還有那個我無法共事的同事？
- 我會把感情排除在職場之外，還是承認工作時確有情緒存在？我是不是喜歡那種僵硬的官僚體系？
- 失敗的時候，我希望牧羊人怎樣領導我？

給牧羊人的行動建議：

- 試著從最寬廣的角度去看你的下屬。建議你可以收集員工和家屬的合照，如此可以幫助你體會你的決定會造成多大的衝擊，同時可以向屬下傳達你強烈的關懷之意。

● 與人互動時，只要情況允許，都盡量稱呼對方的名字，並加上「先生」、「女士」的尊稱，表示對他們靈性的尊重。點用速食、借錄影帶、在雜貨店結帳，或者在自己的公司裡都可以練習。聽到人家說「謝謝你，女士」，或者「謝謝你，雷」的時候，會感到一種莫大的尊重。

● 除了在別人做對事情的時候讚美他們，還要注意那些因爲失敗而痛苦的人。站在失敗的人身邊，導引他走出失敗的陰影。

● 檢驗公司的獎懲制度，看看是不是過於嚴厲。過於嚴厲的獎懲制度會促使員工隱瞞失敗，不肯坦誠以告。

第四章
行正確之路

〈詩篇第二十三〉：

「祂為自己的名引導我走義路。」

小孩子總會有一段時間，把牛仔當作長大以後的志向。也許這可以解釋爲什麼《城市鄉巴佬》這部電影大受歡迎；片中比利．克里斯多（Billy Crystal）和兩位好友放下公事包，遠離家人，到牧場度假趕牛去，結果發現把牛從甲地趕到乙地一點都不好玩，完全不像在度假。三人返家的時候雖然更加疲憊，但也因爲這次經驗而有所成長。

牛仔這個形象充滿青春浪漫的氣息，有些永遠長不大的人一再沈醉其中，卻一點也不符合現代領導統御的技巧。看到老闆騎馬衝過來，或許牛隻會嚇得趕緊往前跑，但是這一招對人來說，大概只能嚇唬一次吧！牛仔的行頭，包括馬刺、刺針、鞭子、繩子、還有訓練有素的馬，並不適合現代的老闆；就連「牛仔式領導」所使用的詞彙，用趕牛來比喻驅策部屬，也是大錯特錯。

事實上，現在有時候你會聽到老闆說，他們的工作比較像「趕貓」，也許貓在很多方面比較接近人，反映出現代人在職場、休閒、家庭等方面更加獨立自主。看到老派的教練費盡心力，領導今日年輕的運動選手，但教練與選手之間對於權威和團隊精神的觀念落差這麼大，不禁讓我們感到又好氣又好笑。美國職棒名人德洛徹（Leo Durocher）的退休宣言，聽起來像是告訴大家「放牧球員」已經不再是件風光的事了；這位前球隊經理表示自己之所以選擇下台一鞠躬，是因爲「坐下！閉嘴！注意聽！」這種命令式的語句已經不管用。

牧羊人導引正確的道路

〈詩篇第二十三〉中的牧人領導者，和趕貓、趕牛、甚至趕羊完全無關，大衛王描述的是一種風格迥異的領導方式，他寫道：「祂爲自己的名引導我走義路。」這句話雖短，卻寫出了牧羊人領導法中兩個基礎要素：第一，人和羊都一樣，喜歡受到吸引往前，而不是讓人拿著藤條從後頭趕。第二，儘管時局多變混亂，現今的下部屬更加獨立自主，但領導人還是要找出正確的道路讓屬下追隨。

帕克夫婦是一對牧羊新手，歷經千辛萬苦才學到羊需要引導，而不是驅趕。他們兩人是不折不扣的城市鄉巴佬，一個來自洛杉磯，另一個來自堪薩斯州的首府威奇塔（Wichita），決定搬到明尼蘇達州去牧羊。明尼蘇達國家公共電台廣播節目「牧場人家好夥伴」（Prairie Home Companion）節目主持人到帕克夫婦家訪問，他們和大家分享自己在起步階段學到的經驗：「一開始，我們試著去趕那些羊……向他們衝過去、用力拍手、甚至想像學牧羊犬的叫聲，對著羊亂叫，結果只不過讓自己看起來像蠢蛋。羊會移動一點點，然後轉過頭來瞪著我們。最後我們才發現，羊可以用引導的方式，他們在外面到處亂跑，其實就是在找領導人。」

這眞是最好的現代領導寓言！

大衛王這個古代牧羊人的經驗也是如此：羊在尋找可以追隨的人。每天早上，牧羊人呼喚羊群起床，展開新的一天，羊群日漸熟悉牧羊人的聲音，習慣牧羊人的呼喊引導，到放牧的地點享用早餐；令人驚訝的是，羊群認得牧羊人的聲音，會按照牧羊人的指示行動，對其他人的聲音卻毫不理會。晚上混雜在一起的幾群羊兒，到了早上竟然會聽從各自所屬的牧羊人呼喚，自動分開。最近有一則英國科學家所做的研究推論，羊可以記憶並認出多達五十張不同的臉孔，主要是同一群羊的臉孔，但是也包括人的臉孔。

牧羊人的聲音

牧羊人領導法依靠的不是管理工具，而是領導者和追隨者之間的關係。和趕牛的牛仔不同，牧羊人使用的方法是動之以情，用熟悉甚至親暱的感覺取代嚴厲的斥責，用聲聲呼喚取代刺針、鞭子。一段時間之後，親近不生侮慢，領導者與追隨者反而建立起健全的關係，領導成效更佳。

想成爲牧羊人老闆，得先問問自己屬於驅趕者還是領導者。你是憑著你的領導魅力吸引人、還是讓屬下覺得受到逼迫？如果公司規模不大，自然能夠深入瞭解每個屬下，就像牧羊人對每隻羊瞭若指掌一樣；但是，就算在大公司裡，還是有方法吸引、領導下屬。

要領導一大群人，有個重要的工具叫做「溝通」，口頭或書面皆可，一定要讓所有人定期聽到你的聲音。第一步就是定期做報告，至少每個月對所有重要人員報告一次；第二步，離開電腦，走出辦公室，不論是固定巡視作業區，或只是每個星期隨意走走，讓員工預料不到你會在何時、何地出現，用員工的語言互動，就是一種有力的領導方式。最後，每天撥出一段時間，不要使用電腦，用打電話或親自拜訪的方式傳遞訊息，讓接收訊息的人聽到你的聲音。領導人在溝通的時候不能只重內容，說話的聲音和語調也很重要。

要用牧羊人的方式領導大公司還有另一個辦法，就是透過身邊的羊群建立榜樣。如果公司裡有上百甚至上千人，你可以在那些直接與你共事的人面前展現牧羊人領導的風範，花時間和他們相處，讓他們熟悉你的聲音，感應你的價值觀和領導方向，然後讓他們瞭解，你希望他們以身作則，在他們所屬的群體中實踐這種領導法。法學院院長威利德．派德瑞克（Willard Pedrick）說過，法學院學生觀察教授對他們的態度，然後依樣畫葫蘆去對待客戶。如果你自己是個好榜樣，而且清楚傳達了你的期望，牧羊人領導法就可以發揮骨牌效應，不斷往下傳。

帕克夫婦在放羊的經驗中學到的教訓，也可以用在人的身上：大家其實都在等有人站出來領導；不需要一再地耳提面命，通常領導人只要往前走就行了。凱薩琳．葛蘭姆女士（Katherine Graham）擔任華盛頓郵報發行人的時候，男女社交圈是分開的，吃完晚餐後，男人留在餐桌繼續討論政治和時事，女人則迴避到另一個房間，談論家庭、社交等話題。由於工作的關係，葛蘭姆整天在政經議題中打滾，非常憎恨女人老是受到排擠，不能參與男人的討論。但是她沒有因此發表慷慨激昂的演說，而是在某天傍晚聚會時，直接了當地對男主人說，女人告退離開餐桌的時候，她也要一起離席；由於主人無法忍受她缺席討論，因此承諾讓大家聚在一起。這項行動很快就傳遍了華盛頓，葛蘭姆只不過是前往她認為該去的地方，就在美國首都發起了一場餐桌上的寧靜革命。

找出羊老大

《哈佛商業評論》有篇經典之作：〈追隨者之頌〉（In Praise of Followers），作者羅伯特．凱利（Robert Kelly）列出了五種不同的追隨者：積極追隨型、人云亦云型、得過且過型、離群索居型、綿羊型。在凱利的架構中，積極追隨者具有行動積極、批判思考兩種的特質，綿羊型追隨者則剛好相反，被動消極又毫無鑑別力。翻開當代美國俚語字典，「綿羊」的定義恰巧與凱利的描述不謀而合：「追隨潮流之徒，什麼當紅或流行就做什麼。」

雖然一般對「羊」的看法與上述相去不遠，但那些眞的和綿羊打過交道的人，恐怕不會同意這種觀點。羊群當中也有各種不同的個性，有個性軟弱的小弟，也有帶頭的老大。所有牧羊人都知道，移動一群羊最有效的辦法，就是讓羊老大移動，因爲整群羊中有百分之九十會看羊老大的臉色行動。

組織內也有同樣的現象。牧羊人老闆自然得跑在最前面呼喚追隨者，如果想讓號召發揮最大的效果，首先得和組織內的「羊老大」建立關係。站起來行動之前，牧羊人老闆可能得先坐下來，和這些具有影響力的羊老大聊聊，一方面可以互相分享願景，一方面羊老大的回饋也可以使願景輪廓更加清晰。和這百分之十具有影響力的意見領袖打好關係之後，剩下的百分之九十，大部分就會受到牧羊人老闆的影響，因爲他們會追隨意見領袖的指示行動，尤其在像美國這種反抗威權的文化之中，大家比較會聽同儕的意見，而不是上級的命令。遊說專家羅勃·塞丁尼（Robert Cialdini）說得好：「影響力在水平傳播時最能發揮作用，而不是垂直傳播。」

導引正確之路

聖詩中還提到，牧者「引導我走義路」。沒有任何人或組織，想一輩子沿著梯子爬向成功，最後卻發現梯子靠錯了牆。找出正確的道路，不論這條路通往利益、更好的服務、或是提升道德倫理層次，都是牧羊人老闆的責任。找不到道路前往青草地和可安歇的水邊，羊群就無法繁衍不息，甚至連生存都成問題。或者如同偉大的洋基隊捕手約吉．貝拉（Yogi Berra）所說：「假如你不知道自己正走向何方，便須格外小心，以免永遠到不了要去的地方。」

一般人喜歡自由與彈性，但可別因此認爲他們不在乎領導人是否引導他們走上正確的路。和從前比起來，威信、界線這一類詞彙在今日確實不再那麼流行，而且今日大部分的組織機構，從公司到家庭，所走的道路都比以前充滿更多未知數，有時甚且是一片渾沌，使原本艱困的工作雪上加霜。但正因爲如此，面對排山倒海而來的資訊，以及令人眼花撩亂的選擇機會，從中找出正確的道路顯得更加重要。

如果說農業時代所崇尚的美德是耐心，工業時代是效率，那麼資訊時代最重要的特質很可能是做出正確的選擇。試著在腦海中想像一下，從農牧社會沈默、漫長的旅程，如何過渡到工業社會快速、有效率的工廠，然後再想像從工業社會高度制式化的結構與分工，過渡到資訊時代如浪潮般洶湧的資訊與選擇，你就可以體會今日領導人所面對的挑戰有多大。不久前，我們還只有三台無線電視頻道，連冰淇淋的口味也只有三種，但是現在卻有三百家電台透過衛星播送，還有數十種冰淇淋口味，甚至可以依客人喜好創造新口味。今日只要隨時上個網，所能獲得的知識和資訊就超出前人累積一世所學。在資訊時代找出正確的道路，表示領導人必須幫助追隨者去瞭解並研判眼前的種種選擇，做出最好的決定。

領導者若能利用某種有意義的方式，讓屬下參與找尋路徑的過程，往往能獲得最大的成效，這也是今日領導者所面對的另一項轉變。有時候，領導人只需要分享自己的願景，聽取回饋，就能修正願景，然後全力完成；有的時候，領導人必須釐清選擇機會，引導群體走向最好的決定，才能達到最高的成效；還有的時候，領導人可能得在投身某項工作前，先行廣泛地蒐集資料。「坐下！閉嘴！注意聽！」不僅在棒球場上已經吃不開，如今不管走到哪兒都行不通。

牧羊人領導法非常符合當今反階級制度的文化潮流。大部分老闆最大的困擾，在於擔負的責任超過所擁有的權力，有很多該做的事，卻沒有足夠的權力或資源去完成。不靠權威領導，對牧羊人老闆來說正是最愜意的環境，用溫和但堅定的態度設立邊界，描繪出應走的路徑，敦促其他人向前。一旦這些人認得牧羊人的聲音，學會了信任，就會追隨走上正確的道路。

領導人一定要行正確之路

牧羊人老闆一定要以身作則，行走於正確的道路之上，絕不越界。在此我們再度碰上牛仔，美國文化裡，牛仔的意象根深蒂固，害慘了領導人。安能、世界通訊（WoldCom）、Arthur Andersen會計公司這些公司的名字已成牛仔文化的代名詞，牛仔老闆可以隨意而為，不受法律道德的約束，也不需行「義路」。全國性的大公司和會計師事務所因為不走正路而宣告破產倒閉，已成為美國商業歷史中的一塊陰影。

佩伯丁大學的企管碩士課程裡有個專題課程，帶學生到專門收納白領罪犯的聯邦監獄參觀，教學生瞭解領導人「誤入歧途」後果有多麼嚴重。獄中有個不動產開發商創立了銀行，後因涉及自我交易（Self-dealing）而鋃鐺入獄；有個證券營業員在交易時不當挪用金錢；還有盜用公款的罪犯；這些人向學生解釋界線之所在，說明自己又是怎麼會越了界。一開始，當然啦，他們在日常工作中總是遊走於界線邊緣，然後終於有一天，就這麼一次，他們對自己說，我若不越過這條線就要完蛋了；他們以爲可以在被人發現之前，迅速地把事情掩蓋掉。但是情況並沒有按照計畫發展，他們只好一再跨越線，最後終於被逮到。這些領導人偏離了正義之路，他們的痛苦故事，讓我們全都感同身受。故事的教訓很明顯：領導人絕對不能離開正確的道路，因爲很可能會走上不歸路，通往截然不同的人生。

牧羊人領導的韻律

牧羊人領導者一方面必須往前尋找正確的道路，一方面必須隨時回到羊群中，也就是一邊讓羊群聽到你的聲音，一邊引導羊群前進；這兩項任務之間該如何取得平衡，是牧羊人領導者最大的挑戰。在某種程度上，不同領導人所強調的重點並不一樣，會因其天分和興趣而異；而且隨著時間改變，公司組織的需求也會有所不同。研究指出，領導人剛開始投入工作的時候，往往有段時間會花很多精神去傾聽，但是一段時間之後，就會往外發展，專注於思想性的任務，如此比較不需要面對衝突，卻有更多激發靈感的新點子。最後終於脫離羊群，內部的支持度越來越低，越來越無法發揮領導的作用。

美國著名的記者兼史學家白修德（Theodore White）曾經爲文評估一九六四年的美國總統大選，其中有段話見解精闢，描述的正是上述過程。在這本《總統的產生，一九六四》（*The Making of the President 1964*）的序言中，白修德用美國西部拓荒的開路先鋒和篷車隊比喻大選和總統的領導方式；一整天艱困的旅程結束時，車隊人馬在山谷裡療傷，休養疲勞的身軀，但領導人卻仍持續向前，翻越下一座山頭，爲明天的行程尋找最好走、最安穩的道路。

共和黨參議員貝利·高華德（Barry Goldwater）就是善於登高望遠、觀察路徑的領導人，但卻不善於下到山谷中傳達訊息。高華德許多觀點嚇壞了當時的人，尤其對社會安全和核武的看法，但後來卻證實是相當高瞻遠矚的洞見。相對的，另一位候選人詹森（Lyndon Johnson）卻像是山谷中的大家長，與人民同甘共苦，爲他們療傷止痛，照顧他們的需求。有一次在競選活動中詹森抓住擴音器大喊：「我們支持很多事，但是我們要對抗少數的權威！」這一位善於和羊群溝通的候選人，最後以壓倒性的票數勝過另一位走在前面探路的候選人。

事實上，好的牧羊人領袖必須既能上山登高望遠，又能入谷探查民意；懂得如何找出正確的路徑，也懂得如何引導其他人順著路走。更確切地說，眞正偉大的領導人基本上會維持一種固定的韻律，擺盪於山頂和山谷之間，大衛王和其他舊約聖經中的出色領導人，顯然都深諳此道。就拿摩西來說，他可是眞的爬到山頂去見上帝，領受了十誡之後又回到山谷，把上帝的旨意傳給大家。大衛王則不僅能在山頂上做抽象性的思考，也是善於領導人民的牧人君主。

很多領導人坦承，這是領導工作中最困難的部份。要爬過下一座山頭、辨認途中必經的方位已經是一項艱鉅的任務，但還得要有完善的資訊、超卓的智慧去釐清一條條路徑，以及做出最佳選擇的勇氣。這是一件非常孤單的工作，尤其在選擇最佳途徑時，必須獨挑重任進行最後抉擇。

等你費盡心力做好重大抉擇後，又得回到山谷裡，將你的決定告知其他必須沿路追隨你的人。這些人和羊一樣，往往比較喜歡按照自己的意志行動，有些人可能受了傷或太過疲累，不想再往下走，有些人則是天生冥頑不靈，拒絕走你選擇的道路，只因爲這是「權威人士的選擇」。到山谷裡宣布決定，一點也不比在山頂上做決定來得輕鬆。

可是，牧者的工作還不僅於此，只對大家宣告一次是絕對不夠的。沒錯，你必須一次又一次不斷地重述路徑，永無休止之期。牧羊人不可能對著羊群宣告事項或遞備忘錄就大功告成，牧羊人老闆也是這樣，必須親自領著幾隻羊走上山道，然後走回去再拉幾隻羊上山。領導人常常哀嘆，感覺自己在溝通的時候老是一再重複同樣的話，或許事實上也確實如此。一再走下山谷傳遞訊息，領一批批羊上山，會逐漸消耗你的精力，有時候你會覺得自己絕對不可能再走一趟。但是引導別人沿著正確的道路前進，是一項和人密切相關的工作，除了由牧羊人領袖親自上上下下、來來回回地引導，別無他法。這樣看來，這可以說是領袖任務中最難的一項，但是就像我們經營學術機構或非營利組織的時候，有時會開玩笑說：這就是爲什麼要花大錢請我們當領導人！最後要記住的是，在領導中沒有什麼比引領他人「行義路」更重要的事了。

給牧羊人的思考習題：

- 在其他人眼中，你是一個站在前面領導、還是從後面驅趕的領導者？
- 檢查一下你領導時所使用的工具，把這些工具一一條列出來。你的工具箱裡裝滿了牛仔還是牧羊人的工具呢？
- 一天裡你有多少時間會走上戰場，讓屬下聽到你的聲音？
- 運用創意改造你的時間表；有沒有辦法每個月撥出一些時間，爬上山頂尋找新路？有沒有辦法每個禮拜撥出一些時間，下到山谷裡，讓其他人聽到你的聲音？

給牧羊人的行動建議：

- 定下目標，就在明天，或是下個禮拜，走上戰場巡視兩、三個作業區，或是去他們工作的地方拜訪兩、三個關鍵人物。
- 在平常用電子郵件傳送的訊息中，選擇幾個訊息改用打電話或親自拜訪的方式傳送，讓別人聽到並熟悉你的聲音。
- 在公司必須決定的重要事項中，挑出兩、三項和其他人分享，討論如何建構選項，做出最好的選擇。

第五章

熟知幽谷

〈詩篇第二十三〉：

「我雖然行經死蔭的幽谷……」

儘管我們期望如此，但是心知肚明，生活中碰到的不可能全是青草地和可安歇的水邊。每個人都曾經走過乾燥貧瘠的荒漠，懷疑過是否永遠找不到出路，也都熬了過來。鄉村歌手琳・安德森（Lynn Anderson）〈沒有詩篇第二十三的世界〉這首歌詞中，逐字逐句把整首詩的情境給顛倒了過來：

我是一隻無主的羊，不知該往哪兒去，
　什麼都缺乏。
我空虛，我不滿，沒有什麼能讓我振作，怎麼樣也
　不滿足。沒有片刻的平靜，沒辦法休息。
我的靈魂迷了路，不知身在何方，無法救贖。
我行經最黑暗的幽谷，不信有人和我同行！想到
　生命有限我就慌，「鎮日
　生活於死亡的陰影之中」，因為那最後一刻
　我將孑然一身！

我誤入了歧途，沒有什麼能安慰我。
什麼也沒有。
我在我的世界不受歡迎，總是飢渴，還有
千種威脅壓向我。
我那該死的頭老是在痛，沒有油來膏。我的福杯空空
乾到底，乾透骨。
我對生活早已不抱希望，事實上，
真誠善良慈悲通通與我無緣，
我也不抱希望改變。
喔我多想有個歸屬，但我什麼地方
都不想去……我想我會永遠永遠孤單
寂寞。

死蔭的幽谷

人生有起有伏，我們仰望高山，同時也不得不承認深谷的存在。但是，大衛王處於幽谷時，很快就感受到牧者給他的安慰，他說：「我雖然行經死蔭的幽谷，也不怕遭害；因爲你與我同在。」這句話常在喪禮和告別式中受到引用，頗值得注意，其思想中心是堅定的心靈信仰，相信牧者會給予撫慰與保護。即使身處逆境，大衛王發現牧者仍與他同在。

在旅途中，羊兒除了經過崎嶇的高山和青草地，也必定會通過幽谷，牧羊人的保護與指引必須不分地域，全天候執行。夏天熱浪來襲時，羊兒在引導之下走過驚險的山路，往上尋找豐美的草地；同樣地，冬天溫度下降時，又必須引導羊兒重新走過這些危險的羊腸小徑，往下回到山谷之中。羊群的生活律動本來就是如此。同理可證，我們知道生活各方面都會有高峰、有低谷；攀上頂峰令人雀躍，但是之後往往通往絕望的幽谷，使我們氣餒消沈。

善用幽谷

人在成功還是失敗時更能成長茁壯？答案很清楚，只是難以接受：失敗比成功更能成爲人生的踏腳石。幾乎每個領域的專家都會告訴你，失敗中所學到的東西遠遠超過成功。典型的範例就是天才籃球教練瑞克·皮蒂諾（Rick Pitino），他說：「我所學到的一切教練技巧，都是從錯誤中學來的。」往往只有在威嚴掃地、情勢壓得人不得不屈膝的時候，我們才會眞正去傾聽、去學習。

如果說山谷的教學效果比山頂更好，那我們更不應該急著跑完整個課程。山谷是我們的試煉之地，強迫我們檢視如何排列事情的優先順序，遵循什麼樣的價值體系；山谷同時也是清修之地，甚至可說是寂寞之地，讓我們有機會遠離人群，避免受到其他人影響而改變生活方式和選擇。平常我們總是駕駛快艇從生活的表層掠過，在山谷中剛好相反，我們必須像遠洋郵輪一般，緩緩行過深水。

所以，當你發現自己身處幽谷時，別急著逃跑，也不應該逃跑；親身體會把你拉到谷底的痛苦根源，體會痛苦的強度，有時是有益的。喬治·佩伯丁

（George Pepperdine）是西方汽車設備公司（Western Auto）創辦人暨佩伯丁大學贊助者，晚年失去了大部分財產；即使如此，他在谷底時卻因爲先前的善行而獲得很大的安慰，他說：「到最後，我剩下的就是我給出去的東西。」幽谷的困苦生活竟能得此絕妙反思！

思考、感覺、反省、紀錄、禱告——都是適合在山谷中使用的工具。大衛王寫得最好的幾首詩，就是在幽谷時期的創作；在獄中寫出偉大作品，或是身陷囹圄時，想法有所突破的領導者更是比比皆是，印度聖哲甘地（Mahatma Gandhi）、對抗納粹迫害猶太人的德國牧師潘霍華（Dietrich Bonhoeffer）、聖經中的使徒保羅（Apostle Paul）、南非黑人領袖曼德拉（Nelson Mandela），只不過是少數幾個例子而已。美國監獄團契牧靈工作（Prison Fellowship Ministry）創辦人寇爾森（Chuck Colson）的領導極有效能，不僅證明幽谷能發展人的品格與深度，而且，除非本身有跌落谷底的經驗，否則無法幫助別人走出幽谷。

往前走的時機

沒有人想老是在谷底。跌落谷底，學得教訓之後，你會開始想要重新往上爬，脫離最底層。心理測驗顯示，有些人在這個過程中獲得極度快感，因此他們不斷進出山谷地帶，就能輕易擺脫壓力。其他人不常陷入山谷，不過一旦失足，就需要相當時間和努力才能爬起來。想當然爾，生命中最深沈的幽谷必定有著陡峭的山壁，難以脫困。

在恢復階段的初期有個可以採取的步驟，就是重新連結至人際網路。幽谷之中如此寂寞，使我們開始覺得與其他人脫節，甚至覺得脫離了自己的日常生活與工作。教育學者帕爾曼（Parker Palmer）致力提升生活和工作的靈性層面，使他成為高等教育中備受推崇的諮詢對象；他談到了「脫節之苦」，不論何處，常見到學校的教職員和同事脫節、和學生脫節、甚至脫離了自己心意。戴文波則記得，在父親剛過世的那段期間，一開始他很難面對任何人，無法重新與人聯繫，他覺得他身陷深谷，其他人卻在平原上照常過日子。所以要伸出手來，重新建立和家人及朋友之間的連結，這一點很重要，就算一開始只是短暫的連結也好。重新投入活動和日常例行事務中，像是運動、工作，是脫離谷底的重要第一步。

採取積極態度，回到職場或以前習慣參加的活動中，應該也會有幫助。心理學家威廉．葛拉瑟（William Glasser）觀察到，藉由行動來改變感覺，比起靠感覺來改變行動要來得容易。雖然有些人可能需要比較長期的治療才能逃離幽谷，但是近來的心理學卻比較鼓勵短期諮商，把重點放在行爲而非只強調感覺。儘管我們可能感覺腿上像是綁了個沈重的鉛塊，一路拖著我們往下沈，然而我們必須先把這個鉛塊拋向高處，讓行動打頭陣，讓感覺跟隨其後。

要把幽谷經驗拋在腦後，關鍵是培養樂觀的精神和果斷的決心。女高音席爾斯（Beverly Sills）在一九七九年接管紐約市立歌劇院（New York City Opera）時，歌劇院的財務狀況吃緊，她得四處滅火收拾爛攤子。在她上任後第一齣歌劇首演之夜，指揮送給她一盆植物，結果不到一個星期就枯死了。席爾斯覺得很不舒服，她刻意剪下一片健康的葉子，其餘全扔了，和其他人一起以恆心毅力照顧這片葉子，還在盆子下面放了一段新聞標題：「『絕不認輸』——席爾斯不屈不撓的精神，爲紐約市立歌劇院注入新生命。」這片葉子長成了一株植物，成爲全體人員樂觀與決心的象徵。想像幽谷之外的生活，以幽谷之外的生活爲目標，是脫離幽谷的良策。

幽谷中的五個領導心法

目前爲止，我們談到了領導者必須親身經歷過幽谷，並知道如何應付，現在我們要談談如何引導其他人，甚至整個公司，走過幽谷低潮。有些領導人在接手的時候就處於艱困的情勢中，幾乎無法從幽谷脫身；但是，幾乎所有領導者都會在職業生涯中的某個階段遇到這樣的情境。下面列出了一些方法，對於必須帶著子民橫越幽谷的領導者特別管用：

培養洞見與體悟：知道你的屬下或公司何時進入幽谷期是很重要的。員工一旦知道公司陷入低潮，但是主管還是像平常一樣經營管理，反應一定是恐懼和嘲諷。有位老練的矽谷創投人發現，業界老闆都太慢注意到幽谷期，老是以爲營收馬上就要大逆轉。這位創投人表示，生意不好的時候最好老實承認，採取應對措施。長期觀察公司的曲線圖，走下坡時請坦誠以對。牧羊人不僅承認幽谷的存在，還要能夠說出這個山谷的名字；其他人卻只是焦慮，希望這不是眞的。

開誠布公：戴文波和家人搭飛機橫越大西洋時，飛機開始發出怪聲。他們很快就注意到，空服人員聚集在飛機尾部，便知道一定是發生了很嚴重的事，但是過了好一段時間，都沒有人出來廣播。終於，機長承認三個引擎裡面有一個熄火，他們必須在芝加哥降落，無法照預定行程飛抵達拉斯。沒有及早宣布問題所在，反而加深了乘客不必要的恐懼。領導人如果能夠承認問題，而不是忽視問題，或是露出想要隱藏問題的樣子，通常會比較好；大家都知道景氣循環有好也有壞，稱職的牧羊人會指出公司目前所在的位置，而不是企圖粉飾太平或視而不見。

增加參與感：大衛王說他不怕遭害，因爲領導人與他同在。遇到危機和困難時，領導人更應該站出來，與民同在。戴文波在校園危機中學到，讓其他人待在危機中心處理問題，他得到外面去和學生、和媒體、和所有人在一起。他學到同在幽谷中並肩作戰，往往比做了什麼決策還要來得重要。

散播樂觀與希望：二次世界大戰時，邱吉爾領導英國走過黑暗的幽谷，是散播樂觀與希望的箇中好手，他最愛說：「一切都會好轉。」他在一九二〇年代寫道：「運氣背到極點的時候，反而讓人鬆口氣，因爲否極泰來。」他的領導一方面強調誠實與實際，一面又著重希望與樂觀。領導人可以事先採取準備措施，幫助人民瞭解：幽谷不過是生命或組織自然循環的一部份。

挽起袖管，親自下海示範：有時候牧羊人必須把羔羊扛在肩上，背他們走出山谷，這可不是比喻，而是實際情況。艾科卡（Lee Iacocca）接管克萊斯勒時，公司正瀕臨破產。艾科卡和其他領導人同心協力，縮減支出，爭取工會和銀行的配合，又向聯邦政府貸款。他們拼命工作，迅速扭轉了克萊斯勒的頹勢，開始獲利。有時候你可以靠自己的努力爬出幽谷，全心投入行動中，所有人都會獲益。

幽谷中蘊育力量

詹森總統以說話生動、故事精彩聞名；他曾經說過，當總統有時像站在雹暴中的蠢蛋：什麼辦法也沒有，只能站在那兒等冰雹過去。領導就是這樣。有時你自己身在幽谷，但是公司卻蒸蒸日上，需要你的領導；也有的時候你感覺鬥志高昂，公司卻跌落谷底；有時，似乎所有人都同時來到幽谷。

領導人知道，幽谷中也可能出現重大成長。好的領導方式不僅可以帶領員工和公司掙脫低潮，而且比以往更加茁壯。今天的美國就做到了這一點；二〇〇一年的九一一事件將美國拉入谷底，許多在世貿大樓上班的人眼見雙塔倒塌，都感到一片黑暗。但這黑暗的幽谷卻生出了互助互信的愛國精神，這股精神無疑使得紐約市和整個美國更加堅強。不管是羊或是牧羊人，都毋須害怕幽谷。引領羊群穿越幽谷，正是牧羊人領導的最高技巧。

給牧羊人的思考習題：

- 你在工作上和生活中分別經歷過什麼樣的幽谷期？
- 經歷幽谷期之後，你從中學到什麼？
- 你的公司有可能經歷怎樣的幽谷期？

給牧羊人的行動建議：

- 和你的工作團隊一起擬定一個小小的幽谷計畫，敞開心胸，討論公司曾經經歷過怎樣的幽谷，或可能會陷入怎樣的幽谷，你又會如何應對，甚至從中學習成長。
- 列出三個你認爲自己或公司在一年內最有可能碰到的幽谷，然後進一步想像最糟的處境，徹底想清楚自己該如何應付。如果現在你能預先設想如何解決最糟的處境，那麼當幽谷眞的降臨時，你應該也能解決。
- 問問一起工作的同事，他們這個星期過得怎樣，並耐心認眞地聽他們回答。如果他們正身處幽谷中或在幽谷邊緣掙扎，讓他們多講幾分鐘，好讓他們與你建立連結。讓他們暢所欲言，很可能是幫助他們脫困的關鍵。
- 請抄寫本章開頭的〈沒有詩篇第二十三的世界〉這首歌詞，一邊寫一邊想像自己置身於幽谷。這是一種移情練習，能幫你發展與追隨者「同舟共濟」的能力。

第六章

並肩同行

〈詩篇第二十三〉：

「我不怕遭害；因為你與我同在。」

一九九六年秋天，戴文波在加州馬里布擔任佩伯丁大學校長，校園受到野火威脅，傍晚時，校園四周幾乎已是一片火海。因此，學校要求全體學生留在校園內，原因有二：第一，開車離開校園反而容易造成生命威脅或受傷，不如待在保護措施完善的體育館內。第二，馬里布的聯外道路本來就不多，此時更需要交通淨空，方便消防員以最快的速度移動。沒想到這個決定卻引發爭議。

雖說聖塔莫尼卡的群山與綠樹圍在學校四周，佩伯丁大學馬里布校區遇到野火時，卻恰好處於安全地帶：只要有野火侵襲馬里布地區，當地的消防隊員就會在校園內成立指揮中心。然而，野火進逼時，一般人還是很容易把校園當成危險的地方，當時的狀況就是這樣。當地媒體希望在火災場景中製造灑狗血效果，於是自編自導一齣戲碼，名爲：「校方頭腦不清，挾學生爲人質，體育館遭火吻」。劇情越演越烈，家長紛紛打電話來，要求「釋放」學生。

CNN的記者到現場訪問，製造了整齣戲的最高潮；記者在實況轉播中問戴文波：「學生今晚要在體育館過夜，對家長你有什麼話要說？」戴文波陳述校方所持的兩條理由，外加一段脫稿演出。他很快地指出，體育館是校園內最安全的地方，消防隊現在把體育館當成救災總部，然後話鋒一轉，捨棄滔滔辯才，單純地陳述事實：「其實，我自己的孩子也在裡面，如果那裡不夠安全，我也不會讓他們待在裡頭。」聽完戴文波的回答，媒體立刻離開，電話也不再響了。

牧羊人的兩難

戴文波在上述故事中的表現告訴我們，牧羊不能遠距操控，而必須親臨其境。在這個科技發達的時代，領導人總是想把「走動式管理」換成「電腦式管理」，想要用打打字、發送電子郵件取代走動巡視；可惜手機和電郵都無法取代「同在」的意義。其實就連「走動」都嫌不夠，比不上牧羊人親自坐鎮指揮。這裡我們的注意力集中到牧人領導法中另一個兩難之處：有時你得跑在前頭，有時又得並肩同行。就連一國之主的大衛王，依然因爲牧者陪在身旁而獲得勇氣：「我不怕遭害；因爲你與我同在。」牧羊人領袖和大衛王一樣，既是萬民仰望的領導人，也是脆弱的追隨者，而且往往必須同時扮演兩種角色。

牧羊領導的難處，部分是因爲必須來回轉換，有時要宏觀領導全體，有時又要微觀照顧個體。也許以前曾經有過嚴謹的分工，大問題由高層主管處理，中低層的管理者則負責應付個人需求和問題；但是牧羊人領袖必須既能領導整群羊，又能不時陪伴在一隻隻羊兒身邊。九一一恐怖攻擊後，小布希總統和紐約市長朱利安尼的表現可說是牧羊人的最佳典範，一方面主持整個災後應變事宜，一方面走入人群，參加告別式、慰問家屬。美國紅十字總會會長伊莉莎白．杜爾（Elizabeth Dole）手下有將近三萬二千名人員，以及二十億美元的預算，但是她發現最重要的還是親臨現場紓困。這就是牧羊人領袖的工作。

要讓領導更有效，牧羊人必須清楚何時該領在前頭，何時該跟隨在後，還有何時該放手，什麼也不管。某些情況下，牧羊人應該放棄領導權，讓其他學有專長或有更多時間的人主導。領導人也有可能跟在隊伍後面，因為有時候整個團隊或其中某個人的發展，不能從前面直接引導，而是要由後面往前推才能表現得更好。難就難在如何讓羊群感受到領導人在身邊支持他們。「我能為你做什麼？我要怎麼樣才能讓你的工作更有效率？」這些問題，牧羊人老闆應該常常掛在嘴邊詢問員工。

矛盾式思考與領導

牧羊人領袖必須同時是個思想家，這不是二選一的選擇題，而是必須兩種身份兼顧。在今日流動的管理環境中，面對複雜的組織體系與其中的問題，只有傑出的領導人才能夠欣然接受矛盾或兩難情境中的各項變數，爲組織找出最佳平衡點。詹姆斯・柯林斯（Jim Collins）和傑利・薄樂斯（Jerry Porras）在他們的經典之作《基業長青》（*Built to Last*）中，從幾個產業分別挑出第一名和第二名的公司作比較，兩者最大的差別是：第二名的公司輕易就決定某個問題的解決方法，而第一名的公司卻是面面俱到，全都列入考慮。問：我是宏觀的領導者還是微觀的領導者？答：兩者皆是。問：我們是以營利爲目的，還是以道德爲考量？答：兩者皆是。問：我們要以客爲尊，還是以員工爲主？答：兩者兼顧。問：我是領導人還是追隨者？答：兩者皆是。

從大衛王的例子我們看到，在不同的角色和觀點之間來回轉換，是牧羊人領袖的基本技巧。因此現代的組織比較像在打棒球或踢足球，而不是玩美式足球。

美式足球的各個球員都有固定的角色，只有特定位置的球員才能抱球或達陣；棒球和足球則較有彈性，任何一位球員都有機會得分，這正是現代公司的最佳寫照。科技和資訊經濟的一項重要特質，就是無可比擬的高速，客戶需求和產品隨時都在變動、在發展，商業計畫也一直跟著改變。在這種環境中，增加速度和適應性的關鍵，不只要跑得快，還要換檔迅速。

所以牧羊人領袖有彈性，能順利轉換，隨時在幾種思考模式中轉換。牧人領袖還知道，為了組織整體與人民的福祉，自己必須改變角色，而且轉換過程必須迅速流暢。牧羊人領導法有個要訣，就是跟在羊群的身邊，注意觀察追隨者變換不定的需求。管理學常常提到，「屬下可以指派，追隨者要靠收服」。掌握牧羊人領導法中的兩難，就能不斷保持吸引力，讓人追隨。

平時耐心照應

牧羊人應該常常陪在追隨者身邊，而不是僅在火災或危機發生時。危機之外，生活中百分之九十九的時間都是風平浪靜，但稱職的牧羊人也會與羊群同在；牧羊不能靠遙控，隨時在場關注照料才是關鍵；牧羊人如果缺席，很快就會發現羊群就算沒有整群不見，也會越來越少。牧羊人在放牧現場注意每一隻羊，觀察生病的徵兆。如果羊的胃口很好，體重卻不增加，很可能感染寄生蟲；如果牧羊人沒注意到某隻羊有點不良於行，等到這隻羊瘸了，就只能忍痛殺掉。

注意照顧羊群的牧羊人領袖，能看出追隨者中的問題徵兆，先發制人。牧羊人多半真心誠意地想提供幫助，但儘管援助近在咫尺，人性中不知是自尊還是什麼的，卻老是阻撓我們開口求援。牧羊人老闆洞燭問題所在，藉著排除困擾，提供資源，或者重新分配工作等方法解決問題。

今日公司組織結構複雜，員工動輒成千上萬，領導人不可能一一認識每個員工並親身照料。如果完全按照字面解釋，這種狀況顯然不適合使用牧羊人領導法。但是，牧羊人老闆還是有辦法做到。碰到麻煩，每個人的反應都不一樣，原本敬業樂群的追隨者，可能突然關上門、躲進辦公室不肯出來，有的人則是體重暴增；如果平常個性沈著開放的員工開始動不動就發怒，防衛心變得很強，也可能是遇上麻煩的徵兆；無法應付困擾的員工，還可能會延宕該做的工作，超過完工期限。

陪伴在追隨者身邊還有個好處，就是你會開始看到以前沒注意到的美景。錄影節目很少能啓發深刻的思想，精通藝術史的溫蒂修女①卻是個例外，她說在錄製電視節目時，常常獲得美的體驗。工作人員忙著布置下一個場景時，溫蒂修女往往發覺展現在自己面前的是一幅藝術之作，她以前卻從來沒有多加注意；隨著圖畫在眼前展開，她多半會開始慢慢喜歡上這幅圖畫。溫蒂修女的看法是，如果觀賞者有足夠的耐心觀看，幾乎所有藝術作品都可以找出美感；也許還不夠格列入你的最愛，但是無可否認確實有美感存在。

與追隨者同行，並不是只要待在同一個房間就算數。雙薪家庭的父母往往假裝在陪小孩，其實並沒有把心放在孩子身上，譬如說，一邊陪小孩玩大富翁，一邊忙著講電話。大人也許覺得自己這樣做很聰明，但是其實小孩知道，儘管爸爸或媽媽跟他待在一起，其實並沒有全心投入他們之間的互動，而是牽掛著電話另一頭的生意。

所以牧羊人領袖和追隨者在一起的時候，心也要與他們同在。有些老闆相信，只要走出辦公室晃晃，就表示有和員工「同在」，其實他們很可能只是來去匆匆，和員工根本連目光接觸都沒有，更遑論在走廊上停下來聊聊天了。有個公司想法非常創新，在辦公室的空間設計上作文章，故意增加員工在走道上互動的機會，因爲他們發現員工在走廊上相遇的機會越多，工作表現越積極，越有創意。用這種方式與追隨者並肩同行，可以讓牧羊人領袖在追隨者身上看到美與同情，在我們必須保護追隨者的時候，這幅景象能激發勇氣。

恐懼時勇敢行動

有些事情僕人永遠學不來，照顧羊群就是其中之一。在大衛王的家裡，看顧

①Sister Wendy Beckett，英國修女，無師自通的藝術賞析者，因主持BBC及美國公共電視台PBS的藝術賞析節目而知名，英國DK出版社出版多本她的藝術欣賞著作，包括《繪畫的故事》。溫蒂修女在英美兩地廣受歡迎，《紐約時報》說，她既是個修女，又是個流行巨星。

羊群從來不是僕人的事，而是家庭成員的責任。在古中東地區，大家都知道，看到野獸來了，僕人只會逃跑，置羊群於不顧；對僕人來說，自身安危比羊的安危重要，因爲僕人是雇來的幫手，而不是家庭的一員。身爲家庭的一員，牧羊人會在野獸來襲時起而對抗，因爲他知道全家的福祉得靠他的勇氣維繫。

大衛王也談過牧羊人的保護之責。在擊殺大力士歌利亞（Goliath）之前，舊約聖經記載了年輕的大衛和國王的一段談話，他告訴掃羅王他幫父親看羊，他說：「有時來了獅子、有時來了熊、從群中啣一隻羊羔去。我就追趕牠、擊打牠、將羊羔從牠口中救出來．牠起來要害我、我就揪著牠的鬍子、將牠打死。②」羊群遇到危險時，大衛既不逃跑，也不找藉口，而是上前擊打威脅羊群的敵人；他之所以能夠成爲偉大的國王，也是因爲先學會了如何當個偉大的牧羊人。

牧羊人的形象，爲領導者的角色添加了警醒、引導、紀律等特質，這是僕人領導所無法媲美的。每年歡度聖誕佳節，唱著聖誕歌曲時，你一定曾在〈晴朗的午夜〉（It Came upon a Midnight Clear）、〈天使歌唱在高天〉（Angels We Have Heard on High），或者更明顯的〈牧人聞信〉（While Shepherds

Watched）中，感受到牧羊人的高度警覺性。耶穌誕生於深沈的黑夜中，天使能和誰分享這喜悅的信息？公務員嗎？商人嗎？僕人嗎？都不是。所有人都在睡夢之中，只有牧羊人仍在曠野中爲羊群守夜，保持警醒。

邱吉爾曾經說過：「勇氣是人類特質中首要的品質，因爲有了勇氣，才能擁有其他美德。」他這句話暗示，如果不是因爲有勇氣的人把關，讓展現美德的人獲得應得的獎賞，那麼誠實、盡心、勤勉、以及其他種種維繫組織營運的美德，全都失去意義。勇氣是牧羊人必備的特質，因此牧羊人領袖很像電影《日正當中》（*High Noon*）裡的賈利．古柏（Gary Cooper），鎮上其他人拼命找藉口開溜時，他卻留下來獨力鎮服一幫邪惡的罪犯。

大衛王在這首聖詩中用了「惡」（evil）這個字，現在的經理人如果膽敢給員工評價打個「惡」，勢必會造成反彈，但是牧羊人領袖會堅持在該打「惡」的

---

②舊約聖經 撒母耳記上第十七章第34節。

地方打「惡」，所以牧羊人老闆必須有評斷的勇氣。如果領導人只在一旁作壁上觀，對其他人的作爲不下任何評價，惡人就會老實不客氣的騎到善人頭上。「惡」是一種道德評價，標上「惡」的事物，表示威脅到組織的生存與其他員工的福祉。牧羊人老闆必須採用這種道德評價，讓員工看清是什麼動搖了公司，警覺到危險。侵犯著作權、詐騙、電腦駭客、挪用公款等行爲，不能僅僅標示爲「行爲異常」，必須清楚標示爲「惡」，鼓起道德勇氣加以處理。

牧羊人領袖也必須要有行動的勇氣，這裡說的不是暴虎馮河之勇，而是內在的心靈之勇。在險惡的情勢降臨之前，預先想好事情的輕重緩急，釐清自己的價值觀，事到臨頭也不因情勢改觀而退讓，這才是眞正的心靈之勇。英國政治思想家柏克（Edmund Burke）寫下了這段名言：「只要善人袖手，邪惡便可得勝。」聯合航空第九十三次班機受到恐怖份子挾持時，有一群商務艙的乘客衝進駕駛艙阻止歹徒，行動前由塔德．賓默（Todd Beamer）帶領大家背誦〈詩篇第二十三〉，之後賓默及湯瑪斯．伯內（Thomas Bernett）等人成功阻止了恐怖份子駕駛飛機衝撞目標。我們相信，對這些慷慨就義的英雄來說，這首聖詩帶給他們的絕不僅止於宗教上的慰藉，還有信心、勇氣、力量。

大衛王：領導與追隨

〈詩篇第二十三〉適用於領導者，也適用於追隨者，原因之一在於本詩作者大衛王身兼兩種角色。從牧羊的角度來探索人生，既不是靈光一閃，也不是讀書所得，而是大衛王長期看顧羊群的體認。牧羊之際有許多空檔可以思考、反省，我們很容易想像，大衛王在閃爍的星空下，在夜晚的曠野中獨自想著，人生和牧羊竟有如此多的相似之處！（當然，在大衛王的想法中，這裡特別是指信奉上帝的生活。）他從領導羊群的經驗中體會到他的牧者，上帝，是如何領導他。

然後有一天，先知撒母耳奉了上帝的指示，到耶西的家裡去尋以色列的王。耶西就是大衛王的父親，他叫兒子一個個來到撒母耳面前，撒母耳對每一個都搖頭，說這不是未來的國王。身材健壯的兒子一個個遭到拒絕，最後撒母耳問，你的兒子都在這裡麼？耶西回答說還有個最小的兒子，名叫大衛，現在在外面放羊，話中暗示大衛是家族中地位最低賤的，不像是當國王的料。撒母耳叫他們把這年輕的牧羊人領來，在看見大衛的時候說：這就是以色列未來的王，因爲耶和華不看人的外貌，而是看內心③。

和所有偉大的領袖一樣，大衛王以自己的專長領導。如果你是運動教練，你的領導方式就會像個運動教練，就算不在運動場也一樣；如果你是老師，你的領導方式自然像個老師，諄諄善誘。大衛王是個牧羊人，所以當上國王之後，還是用我們所說的牧羊人領導法來領導人民；但是他也有追隨的時候，而且他把自己當成受牧羊人照顧的羊群，寫下這首最著名的〈詩篇第二十三〉。這首偉大傑出的詩作裡最大的張力，在於作者對於牧羊人領導法的施與受兩邊都有所體會：他既是牧者，也是羊群。

給牧羊人的思考習題：

● 在生活的哪些情境中你擔任領導人的角色？哪些情境裡你扮演追隨者的角色？你比較喜歡哪個角色？你對哪個角色比較在行？你是否能夠順利地轉換兩種角色？

●問問你自己：我的領導權威基礎何在？其他人追隨我，是因爲我陪在他們身邊，還是因爲害怕我對他們握有的權力？

●你的公司所面臨最嚴重的威脅是什麼？

給牧羊人的行動建議：

●瞭解你的屬下，瞭解他們遇到麻煩時的徵兆。觀察你的直屬部下，把他們遇到麻煩時的徵兆一一寫下來，然後和屬下一起檢閱這張表，問他們這張表是否正確。

●製作一張表，寫出每個直屬部下的正面特質；注意觀察，捕捉每個人的獨特之處與卓越特點。把這張表放在案頭時時翻閱，爲每一個屬下創造出一幅美麗的圖像。

③舊約聖經　撒母耳記上第十六章第1節。

●預先擬定基本計畫，以應付威脅公司的嚴重危機。

●效法大衛王，站在屬下的立場寫點東西。試著將心比心，從部下的觀點出發，想像他們在你領導統御之下的狀況。

第七章
使用正確的工具

〈詩篇第二十三〉：

「你的杖，你的竿，都安慰我。」

也許你曾看過這則報導：

科技重大突破！

在此宣布嶄新的「內建式定序知訊閱讀平台」（Built-in Orderly Organized Knowledge device），簡稱BOOK，也就是俗稱的電子書。

這款新型電子書是科技上革命性突破，無需插電，沒有電路板，不用電池，不需連結至任何其他設施，連開關都省了，操作簡易，小孩也能輕易上手，只要掀開蓋子即可！

體積小巧，便於攜帶，隨時隨地都可以使用，譬如窩在火爐前的沙發上。功能強大，可以儲存相當於一片光碟容量的資料！運作原理如下：……每一本電子書由按照順序編碼的書頁（可回收利用）構成，每一頁可以儲存數千位元的資訊，這些書頁按照顧客需求，用一種叫做「縛帶」的裝置釘在一起，避免頁序混淆……

可隨身攜帶，耐久，價格合理；BOOK勢必成為未來休閒娛樂的主流。因為看好BOOK的發展，已經有數千家廠商願意提供內容，加入這個平台；預計很快就會出現一波新書的浪潮。

在二十一世紀的新世代眼中，杖和竿、甚至是書本，大概都成了稀奇的古董。戴文波的兩個孩子在做功課的時候，因爲沒辦法在網上立刻找到答案而受挫，後來戴文波介紹一個可靠的老伙伴給他們才解決了問題；這個老伙伴是一本書，一本年鑑。兩個孩子覺得很不可思議，靠科技找不到的資料，竟然只要花幾分鐘就可以在書裡找到。由於電子計算工具發達，現在學生幾乎聽都沒聽過「計算尺」；而且，有個人數位助理（PDA）和線上行事曆可用，誰還會隨身帶著行事曆手冊和電話本？現在小孩子上學所需要的裝備，可不是到文具店裡買幾本作業簿和幾瓶膠水就可以打發的。

牧羊人的低科技工具

然而就算到了今日，牧羊人還是一個低科技的職業，和當初以色列的情況一模一樣。當然，是有人採用更先進、更高科技的技術，經營管理牧羊場，以增加生產，但是並沒有完全取代傳統的牧羊方式。現代化的牧羊場著重拼命餵食，補充營養品，羊隻才會長得快，能夠盡快上市銷售，方法和促進牛肉生產差不多。近年來，許多消費者開始轉向以自然方式養殖的肉品，比較不喜歡食用加速生產製造出來的肉品。這樣看來，在這個高科技的世界中，說不定牧羊人的身價反而水漲船高。

大衛王提到了兩件牧羊人的必備配備，也就是杖和竿，還說這兩件工具給了他慰藉。牧杖由木頭製成，形狀像棍棒或手杖，有多重用途，主要用來懲戒羊隻，指引羊兒往左往右走，或阻止羊兒脫隊。牧杖也可以用來仔細檢驗羊隻，羊兒跑到圍籬外的時候，牧羊人會用牧杖擋住，然後用牧杖撥開羊毛檢查。最後，牧杖還有一個最富戲劇性的功用：遇到掠食者，牧羊人會用平素鍛練出來的力道和準頭打跑野獸。

同樣的，牧羊人的竿也有多重用途，前端獨特的彎曲造型，方便鉤住羊兒，拖著羊移動，譬如把羊從水裡拉上來，或是拖離險境。如果羊群數量較多，小羊很容易和母羊走散，牧羊人可以用牧竿把小羊拉回母親的身旁。牧竿甚至可以當作支柱，讓牧羊人在曠野中靠著休息，或者指引羊兒該走的方向。今日牧杖往往由來福槍所取代，但牧竿仍然廣泛使用，成爲牧羊人的正字標記。

從一個人所使用的工具，可以看出這個人的職業。美國有個老牌的電視猜謎節目叫做〈猜猜我是誰〉（What's My Line），參加者可以問問題找尋提示，藉此猜出特別來賓的職業，特別來賓只能回答「是」或「不是」；節目中如果讓猜謎者看到來賓使用的工具，基本上就等於洩題：用來揉製麵糰的桿麵棍，一看就知道是麵包師父的生財工具。杖和竿的功能就是引導羊群、教訓羊群、保護羊群，由此可知牧羊人的主要工作內容。

牧羊人領袖的工具箱

那麼，當代的牧羊人領袖該使用什麼工具呢？這個問題不容易回答，因爲牧羊人老闆可能同時在好幾個領域奮鬥，與形形色色的人接觸，在不同領域追求截然不同的目標。面對這麼多的變數，是否有各種情況皆適用的工具呢？如果有的話，又要怎麼找出這些適合牧羊人領袖的工具呢？

在回答這些重大的問題之前，不能不注意每一個領導人所使用的工具都必須從自身出發，想一想自己的長處所在。約翰．史考利（John Sculley）從百事可樂跳槽至蘋果電腦，一九八三年起任蘋果執行長十年之久，是矽谷的傳奇人物。他的領導技巧和蘋果的創辦人兼精神領袖史帝夫．賈伯斯（Steve Jobs）截然不同，但是這兩位領導人都成功地運用了自身的能力與技巧。模仿別人的領導風格或技巧，下場幾乎總是畫虎不成反類犬。其實你應該做的，是找出屬於自己的技巧和工具，貫徹始終，發揮力量。就算已經工作了一段時間，還是可以藉由一些心理測驗找出你的長處和風格，這是一項非常值得的投資，可以幫你辨識適合自己的最佳工具。

另一個變因是，在不同的歷史時間點，公司組織的需求也會跟著改變，這表示每段時間都需要不同的工具。舉例來說，新創公司和科技公司的創辦人在發起公司時所使用的那套技巧，和使公司成長、走向專業化所需的技巧絕對不一樣。有時候領導人能稍稍修改工具或是發展新工具，但是通常他們不是改造管理團隊，以符合新的需求，不然就是讓位給新的領導人，讓新領導人以公司當時所需要的工具去領導。通常組織會希望新領導人和前任領導人有不同的技巧，例如在戴文波之前擔任佩伯丁大學校長的霍華．懷特（Howard White），是一位沉靜少言的慈父型學者；在他之前的比爾．班諾斯基（Bill Banowsky）則年輕有衝勁；每一位校長都用自己的方式發揮影響力，也都是學校當下所需要的人才。

我們已經知道，牧羊人領袖所使用的工具，隨著組織需求和經理人個別的技巧不同而變化，那麼，是否有什麼「標準工具」是任何牧羊人領袖都應該配備的呢？撫慰大衛王的杖和竿，現代是否可以找到具有同樣效果的工具呢？要回答這個問題，首先得想一想杖和竿的功用：引導、教訓、保護羊群。如果今天只能選兩樣工具來達成這些目標，你會選什麼呢？答案很清楚：羅盤和框架。

羅盤

住在加州沿海地區會面臨一件怪事，就是永遠搞不清東西南北。也許你會認爲這很容易，只要稍微想一想就知道了，如果海在你的左邊，山谷在你的右邊，就表示你面朝北方，對吧？事實上沒這麼簡單，加州的海岸線其實不是單純南北走向，而是彎彎曲曲的，有海灣、港口、凹凸不平的地帶，搞得人暈頭轉向。馬里布一部份屬於聖塔莫尼卡海灣，一部份屬於太平洋，住在這兒，常爲東南西北傷腦筋。如果你面對海洋，那麼對照腦海中的加州地圖，你應該是面向西方，但實際上你面對的卻是南方。

這種狀況正是今日在組織生活中尋找自我方向過程的寫照。資料和資訊流動如此迅速，產品和服務也必須以同樣的速度因應，因而沿路景致總是充滿變化和紛擾。有人說，閃電絕不會擊中同一個地方兩次，因爲那個地方已經不是原來的地方了；說得眞好。以往習慣擬定五年計畫的公司，現在如果一年期的計畫還能維持有用，就要偷笑了；這種環境中，企業主管杜撰了一個新名詞：「可見度」，用來描述未來的情況，他們的說法是：因爲目前不具有「可見度」，所以我們無法做出可靠的預測。想想看，如果機長告訴你外面可見度是零，你有什麼感受？

如果你運氣好，參加過管理大師史蒂芬・柯維（Stephen Covey）主持的討論會，他可能會請大家閉上眼睛，指出北方。睜開眼睛看看四周，你會發現每一根手指都指向不同的方向，你能想得到的方向應有盡有。有時候柯維大師會請聽眾再次閉上眼睛，承認剛剛是有點出其不意，而且很多參加者不是本地人，可能對方位不夠熟悉，然後他會要求，這次只有眞正確定知道北方在哪裡的人，再伸出手指。這一次，你再度看到公司執行長和高階領導人的手指向各個不同方位。柯維大師接下來會告訴大家，組織知道「眞正的北方」在哪兒有多麼重要，以及領導人爲何身負指出方向的責任。

以上對組織現況的比喻，顯示羅盤這種古老而簡單的工具，是領導人工具箱中最珍貴的工具。大家提到今日的情勢，往往引用渾沌不明、激流泛舟、身陷暴風雪什麼也看不清等等比喻；在這種情勢下，還得從一連串使人炫目的選擇中，急如星火地做出決定。此時最重要的，是領導人必須清楚陳述公司組織的價值觀以及整體發展方向；一如牧羊人的杖和竿，羅盤能引導並保護員工避開敵手與強勁競爭，使一切正常運行。

在《春風化雨一九九六》（*Mr. Holland's Opus*）這部感人的電影中，主人翁賀蘭是一位作曲家，爲了生計到高中教音樂，本來只打算教幾年，結果卻教了一輩子。剛開始教書時，賀蘭和學生溝通有困難，有次和校長談話，校長給他的忠告令人難忘，這位女校長說爲人師表的任務有二：「傳授知識？理當如此，但更要當羅盤引導學生，以免妄用知識。」

羅盤可以指出整體的方向，從許多方面看來，都比牧羊人的杖甚至地圖要來得有價值。牧杖是基層經理人的工具，用來指導個別的羊兒該走哪條路，但是牧杖不能賦予追隨者權力，也會限制領導者的識見與影響範圍。地圖比牧杖好些，讓人對路程有個概念，但還是屬於微觀的管理方式：先從甲地前往乙地，再從乙地前往丙地。其實眞正需要的是羅盤，讓人對整個大方向有概念，這樣一來不論身處何方，都會知道該往那個方向前進。

教育界的領導人每每提醒教職員工，要時時以學生爲優先考量，還要永遠保持高潔的人格；這就是他們指出的「北方」。然後領導人必須以身作則，在行政決策時把學生放在第一位，化理想爲行動。以大學生爲主的研究顯示，學生在課程以外所學的，與在正規課程中所學到的一樣多，例如老師的言行，還有學校的校風。同樣的道理，商業界和其他領域的領導人，也必須抱著誨人不倦的精神，宣揚組織的基礎價值體系，並且切身執行，如此在遇到困難或需要當機立斷時，追隨者才會知道「眞正的北方」在哪裡。

框架

第二項工具比較難以說明。有些人稱爲比賽場地，有些人則形容成盒子或容器，在此我們稱之爲「框架」。這些名稱共通的概念，就是牧羊人領袖必須創造一種環境，放手讓主要關係人做決定，推動組織向前；要說是建造遊樂場也好，製作容器也好，打造框架也行，總之領導人的責任就是要創造一種工作環境，讓屬下在其中得以發揮。

當然，在這裡牧羊人與羊群的比喻開始遇到一些限制。牧羊人會在草地上爲羊群建造牧場，用欄杆或圍籬把羊圈起來，今日則是靠牧羊犬把守；但是羊群不需要獨立思考或行動，限制牧場範圍也不是爲了授權給羊兒做出正確決定，然而在牧羊人領袖的框架中，授權卻是最重要的目的：設定某些界線，讓眞正的關係人來做決定，他們的生活和工作深受這些決定影響，讓他們自己做主，就是今日牧羊人領袖的授權工作。

前哈佛大學精神病理學講師羅納・海飛茲（Ronald Heifetz）在他的名作《領導大不易》（*Leadership Without Easy Answers*）中，解釋了在早期的組織中我們之所以向領導人求助，是因爲他們的專業知識比我們強，在某個領域的知識廣、經驗多，或是所受的訓練較爲完整，所以才會獲選擔任領導人；其中最典型的例子就是看醫生，我們無條件地接受醫生指示和處方，是因爲相信他們在這方面學有所長。然而，如今組織內有太多資訊需要吸收，環境變化又迅速無比，領導人不可能樣樣比屬下強，所以現在我們必須依賴領導人的原因與從前不同，領導人必須承擔的工作也不同。

今日領導人的主要工作，就是建立框架，或者說建立一種環境，讓組織自己決定如何往前走。這種概念好比養育小孩的過程：孩子小的時候，我們會在四周建立一道保護牆，一舉一動都要接受我們的指揮或監督；但是等到孩子稍微長大一點，我們也必須跟著慢慢放鬆限制，更有彈性，讓他們在思想和行動上有些自由。等到孩子進入青春期，我們得拼命試著維持架構不要倒塌，該讓步的時候讓步，該堅持的時候堅持，因爲他們快要變成大人，快要有完全自主的權力了。如果身爲父母，不懂得放寬框架，孩子的成長就會受到阻礙，不然就是索性跳出你的框架。

領導人（其實屬下也一樣）有個難以抗拒的誘惑，就是所有重要事項、甚至連不重要的事都仰仗領導人決定。這種決策模式大有問題，因爲屬下都是揣摩領導人的心意來做決策，而不是由領導人依照屬下的需求作決定，這樣一來，下屬永遠無法往正確的方向發展、成長，他們的「決策肌肉」便會退化。此外，由於領導人不可能在有限的時間內跑遍所有地方做決定，這種決策模式跟不上我們快速的生活步調。另外一個問題就是，眞正該做決定的關係人會對領導人的決策產生怨憤之情。

籃球界的「鬥牛式防守」就是這種錯誤模式的最佳範例。籃球明星羅素（Bill Russell）曾帶領波士頓塞爾蒂克隊（Boston Celtics）穩坐ＮＢＡ冠軍寶座，這個詞彙顯然是那個時期的產物，用來描述第一線後衛（最靠近球的防守球員）有時會讓對手穿過防守，因爲他們知道隊上最強大的防守中鋒在後場，最高大的中鋒鎮守靠近籃框的地方阻止進球；這種情況有時候看起來簡直就像鬥牛士在鬥牛，小個子的隊友手一揚，對手就像發瘋的牛衝過防線，往大個子衝去。但是大個子不可能阻擋對手的所有攻勢，萬一爲了替補隊友的防守線，大個子無法兼顧本身的防守區，整個守勢便開始潰堤。

今日職場中有多少「鬥牛式防守」的例子？大家都想把決策的任務推給最高層領導人，逃避責任和艱難的工作。可是，牧羊人領袖不會允許這種情況發生，他們會主動建構一個框架，讓與決策結果息息相關的關係人自己做決定。通常與行動關係最密切的人，決策時也能提供較多資訊。長久下來，這些關係人學會看清正確的方向，犯錯時也懂得修正路線。傑克・威爾許（Jack Welch）擔任奇異公司（General Electric）執行長時堅持，若決策金額在二千五百萬美元以下，一律由公司其他主管直接決定，不用經過執行長；有時傑克會給其他主管一些建議，但絕不允許他們把決定權丟給他。

威廉・惠烈（William Hewlett）與大衛・普克（David Packard）創辦惠普

科技（Hewlett & Packard, HP），他們所樹立的榜樣，讓我們清楚看到如何建構框架，好讓員工活用靈感工作。這兩位企業巨人瞭解，惠普以工程起家，必須依靠員工的創意生存，所以大部分的時間都在構想一套管理哲學，後來我們稱爲「惠普風範」（HP Way）。有一次有人問普克，惠普成功的過程中，哪些產品決策的影響最爲重大，但他的回答卻和產品完全無關，而是大談建構企業框架，運用工程團隊、利潤分享模式、財務紀律等等。惠普與康柏（Compaq）合併後，面對相當不同的企業文化，現任執行長菲奧莉娜（Carly Fiorina）該如何將惠普風範運用於更大型的公司組織中，會是很大的挑戰。

領導人在建構框架的時候，看起來是什麼樣子？有時候看起來像什麼也沒做，有時看起來又好像漫不經心或怠惰無力，其實卻是一直都在默默地看顧羊群，只是我們不知道而已。東西要掉下來了，他會任東西掉在地上造成混亂，而不是在最後一秒衝上去接住；這就是他的方式，用來迫使其他人上前。建造框架的時候，領導人往往會走到員工身邊，和他們聊一聊所面臨的挑戰，以及應付挑戰的方式，然後指引他們必須蒐集的資料和訊息，幫助他們架構出問題所在，決定時才能從容應對，這些都是重要的步驟。牧羊人領導做得好，表示領導人會去幫助屬下瞭解問題，而不是幫他們回答問題。要建構框架，等待員工自己站出來承擔責任，偉大的牧羊人領袖必須耐心、信心、智慧三者兼具。

給牧羊人的思考習題：

- 想想自己的長處和天分，找出兩、三種你所能運用的最佳工具。
- 觀察你所領導的組織，也許是家庭、也許是公司、教會組織，想想看在這個組織的現階段發展過程中，最需要的工具是什麼？
- 你所領導組織的「北方」在哪裡？組織的核心價值與方向何在？

給牧羊人的行動建議：

- 在平常工作中，試著注意有沒有「鬥牛式防守」的情況出現；如果有，記得把責任推回給原來應該擔當的人。
- 檢驗一天或一週的工作時，列出所有需要決定的事項，然後想一想，每一個決定受到影響最深的人會是誰？他們是這個問題的主要決策人嗎？

- 數一數你在一天或一個星期中，提到組織的核心價值和方向有幾次？然後想辦法使這個數字增加一倍。（光是一倍其實還是不夠！）
- 列出在公司裡不可饒恕的過錯，然後和你的部屬討論這張表，這樣做可以幫助建構框架，用來評斷正當的行爲。

第八章

化衝突爲助力

〈詩篇第二十三〉：

「在我敵人面前，
你為我擺設筵席。」

傑克．威洛姆（Jack Willome）曾經被客戶控告，當時他是瑞科公司（Rayco）的總裁。瑞科公司是德州聖安東尼奧頗有規模的住宅營建商，因爲種種原因，一名律師集結了一群屋主，集體控告瑞科。這個案件很有可能毀了瑞科公司，威洛姆不斷地禱告，向有智慧的朋友徵詢意見，最後做了件大家都沒想到的事：長達四十五天的證人問訊過程中，他全程參與，眼看一個又一個屋主宣誓作證，聽他們用所有能想到最惡毒的言語描述威洛姆和他的公司。

這個過程很痛苦，卻讓威洛姆體會到，這些屋主眞的有需求和疑慮，不然也不會告上法庭。他幾年後接受訪問時表示：「我相信所謂悲天憫人的基督情懷，便是能瞭解攻擊你的人其實並非有意傷害。」威洛姆因爲能站在敵人的角度，看到對方的無心，體會到攻擊背後的實情，以公正客觀的態度去看整件事。先前他一直沒辦法做到這一點。結果，威洛姆設法在案子進入審訊階段前，與客戶達成和解，而且這次經驗使威洛姆更加瞭解首次購屋者的需求和疑慮，使他得以在一九八〇年代晚期重振瑞科公司；到了一九九六年威洛姆賣出公司的時候，聖安東尼奧的成交新屋中，瑞科公司已經達到百分之四十的市場佔有率，比例驚人。

威洛姆的故事提醒我們，人生絕不僅是由一連串青草地和可安歇的水邊構成的平穩樂章，在此，〈詩篇第二十三〉又轉了個彎，描述人生的黑暗面。這一段提到了牧羊人為羊群「擺設筵席」，但是選擇的地點卻不是安靜的角落，而是「在我敵人面前」。「敵人」二字，才是本章的重點；不論在曠野中或職場上，到處都可能有敵人；有敵人的地方就有衝突紛爭。

原野上的紛爭

羊是非常愛好和平的生物，但還是存在著衝突紛爭。雞舍中有所謂的「啄序」，也就是禽類中佔優勢的可以啄地位低的，是一種長幼尊卑制度。羊群中同樣也會互相較勁，決定長幼次序。公羊為了爭取領導權而決鬥，對羊群的影響正負兼具，可以從兩方面來看：就正面來看，決鬥在求偶季節顯得格外重要，公羊用頭和角互相抵撞，企圖引起母羊的注意與好感。這種衝突每年發生一次，只有最健康、最強壯的公羊才能孕育下一代，長久下來自然使得整個羊群的存活機率增加到最大。此種求偶爭奪戰自造物以來即存在，有利動物的延續，因為要在野地求生，必須要有健康強壯的下一代。萬一哪個牧羊人熱心過頭，非得禁絕所有決鬥行爲不可，他的羊群保證不會有好下場；雖然結果可能要一、兩季之後才會顯現，但是他的羊群一定會因爲體弱多病一個個倒下，數目越來越少。

面對這種正向的衝突，牧羊人得忍住不插手干預；但是如果決鬥對羊群產生負面影響，牧羊人就得出面管制。公羊決鬥不只發生在求偶季節，牧羊人也可能在餵食的時候，看到某隻霸道的公羊認定某塊草地或水源是「牠的領地」，用角頂開其他任何想要接近的羊。遇到這種狀況，牧羊人的處理方式很簡單：抓住這隻羊的角，把牠拖到羊圈裡單獨關禁閉。這些公羊也許是羊群中的佼佼者，但是如果妨礙別的羊進食、飲水，那麼本來健康的羊就會生病，整群羊只剩下老弱殘兵，最後導致數量減少。優秀的牧羊人會透視全局，如果所有羊兒都能取用生活必需品，譬如食物和水，最終對牧羊人和羊群雙方都有益處。

營造正向衝突

如同曠野中的牧羊人，牧羊人領袖也會合理地運用職權，抑制自我膨脹的毀滅性行爲。牧羊人領袖瞭解不該完全杜絕衝突，而應該化衝突爲助力，讓屬下更健康、更有活力；爲了促成這種轉化，牧羊人領袖必須預留空間，讓不同意見能以健康的方式出現。求偶時的對決之所以必要，是因爲可以增加羊群的生存機會；同樣地，公司內部不同的聲音也是必要的，有益的爭論可以讓公司遠離麻煩，步上軌道。口香糖大亨瑞格里（William Wrigley）說過：「如果公司裡有兩個人意見永遠一樣，其中必定有個人是多餘的。」此話道盡正向衝突之精髓。要鼓勵健康的衝突，牧羊人領袖第一步要做的應該是親身示範，教導屬下如何「提出反對意見卻又不惹人厭」。

不幸的是，小小的意見不同很容易快速加溫，最後告上法院，鬧得不可開交。牧羊人領袖能夠掌握加溫的模式，及早行動，阻止低層次的爭論演變成法律訴訟。戴文波擔任佩伯丁大學校長期間，有位贊助人留下一大筆遺贈，差點讓佩伯丁和另一所大學反目成仇；當時戴文波沒有透過律師，而是直接打電話給另一所大學的校長，問他是否知道兩所大學的爭端，對方回答律師已經向他簡報；戴文波便提議兩人單獨共進早餐，看能否在進入法律程序前解決此事，免得讓媒體大作文章。結果他們見面達成公平協議，他們相信這也是那位贊助人所樂見的。

有時候牧人領袖必須運用巧思，把挑釁行爲轉換成商機。一九九七年，迪吉多（Digital Equipment Corporation）出其不意地控告英特爾（Intel）侵權，宣稱英特爾盜用迪吉多的技術，製造獲利豐厚的奔騰（Pentium）系列晶片組。情況越演越烈，此時雙方領導人突然意識到，如果兩家公司攜手合作而不是兵戎相見，對雙方反而可能更有利。如果迪吉多贏了這場官司，搶回英特爾的製造權，英特爾很可能與迪吉多的競爭對手攜手合作，使得迪吉多無立足之地；若是英特爾勝訴，代價很可能是使商譽受損，而蒙受嚴重損失。最後，兩邊領導人權衡利弊得失之後，決定攜手合作，創造更高的價值，而非投入破壞價值的訴訟。

研究人員觀察組織內部的衝突，將衝突分爲兩大類型：人際衝突與智力衝突。人際衝突幾乎總是導致組織癱瘓，但是智力衝突在適當的管理之下，卻可以獲得不少積極正面的結果。人際衝突之所以發生，是因爲兩個人彼此看不順眼，或是因爲覺得受到另一方威脅，而產生了互相攻擊的行爲，包括：辱罵中傷、威脅恐嚇、尋求政治手段報復、冤冤相報等等。這些衝突根本無關公司利益，也不看哪一方的人、事、物貢獻較多，而是一心想要毀滅對手；說得極端一點，甚至是一種「成王敗寇」的心態。像這樣的心態與行為，在毀滅性的人際衝突中一再上演，最後所有人都成了輸家。人際衝突侵蝕人際關係，毀壞創造力，終至會打擊士氣，就像不受管束的公羊，憑著身強體壯任意壓迫其他羊兒。

牧羊人領袖必須鼓勵智力衝突，減少人際衝突，要做到這一點，得把衝突看做一場拳擊比賽，而不是街頭鬥毆。拳擊和街頭小混混打架不同，有固定的場地，交戰時必須遵守一定的規則，還有裁判在一旁監督，糾正任何違規的行為。智力衝突和拳擊比賽非常類似，你可以把智力衝突想像成一場唇槍舌戰，受到社會規範控制，還有牧羊人領袖在一旁擔任裁判。譴責某人的想法「帶有種族歧視」已經不屬於智力衝突的範圍，而是人身攻擊，也就是落入了人際衝突。明確陳述此人的想法對少數族群會造成什麼樣的不利衝擊，則是智力衝突。牧羊人的職責，就是監督羞辱謾罵這一類具有破壞性的人際行為，貫徹對事不對人的主張，只允許就智識層面加以評論，而非僅是人身攻擊。

牧羊人領袖的終極目標，是創造一種公司文化，讓有益的智力衝突得以發展繁盛，毀滅性的人際衝突則無立錐之地。美國最高法院就是在牧羊人領袖的領導之下，獲益良多。二〇〇〇年美國總統大選爆發驗票爭議，最高法院判決小布希打敗高爾入主白宮，這項劃時代的決議底定後，大法官湯瑪斯（Clarence Thomas）發表談話，消弭一般人心中最高法院「分崩離析」的形象；他表示最高法院也許確實意見紛歧，但是絕不至分崩離析、明爭暗鬥；他認爲最高法院是他所工作過最文明的場所，因爲法院裡有個傳統，開口總是「恕我冒昧，在下淺見是……」，在法官之間營造出一種正向智力衝突的氣氛。湯瑪斯大法官表示，「恕我冒昧」代表很多意思：我尊重你在法律方面的知識，我尊重你維護憲法的誓言，我尊重你在法院內的權威地位，但我不同意你的話，原因是……習慣使用這一類措辭，有助於創造更文明的工作環境，化紛爭爲助力。

營造和解的空間

和解是件困難的任務；更糟的是，大部分人對於一刀兩斷比較內行，修補破鏡就不行了。幸好和解技巧是可以學習的，以下就是促成和解的基本步驟。

設宴：在這一節聖詩中，上帝這位牧者看起來比較像主人，設宴招待客人，而不是領導人；這正是值得思考的地方。大衛王知道，傑出的領導人會擺設筵席，讓屬下和敵人齊聚一堂，以便解決紛爭；大衛王就是用這種心情寫下了：「在我敵人面前，你爲我擺設筵席」這句話。生命中最重要的事件，大多發生於用餐時刻，說來令人訝異，但回顧一下自己一生中有多少重大事件發生在餐桌上：求婚、宣布懷孕、升遷、求和……等等，一一浮上心頭。

人一旦陷入爭論，情緒可能不斷上昇至失控，難以獲得共識，此時正是個好時機，第三者——例如牧羊人領袖——可以插手其中，領導雙方走出荒野，脫離不斷昇溫的爭執。想辦法讓敵對的雙方面對面坐在同一張桌子前，可能帶來豐厚的報酬。如果你想不出別的方法把人拉到桌子旁邊，就在桌上擺滿食物吧！奧斯卡得獎影片《芭比的盛宴》（*Babette's Feast*）可以給你一些靈感。在這部電影中，聰明的廚師芭比準備了奢華的大餐，讓座上賓客不由自主地融入其中，原本涇渭分明的一群人也因此化解成見，和平相處。《芭比的盛宴》勾勒出用餐的重要，尤其在和解時更是如此。

創造容納不同看法的空間：人到齊了之後，第二步是要求當事人從各自的觀點重述事件；可想而知，每個人的看法都會有所不同，其中必然有交集，但是歧異的部分想必比一致的部分來得多。一方結束說明後，可別直接問：「你同意某某人剛剛說的嗎？」因爲答案幾乎可以預見是個響亮的「不」字。你應該詢問另一方的問題是：「那麼，你的看法有什麼不一樣的地方嗎？」

同一個事件，餐桌兩邊提出的見解差異之大，絕對會讓你大吃一驚。

讓每個人說出自己的故事，和擺設餐桌一樣，都是和解過程中常常忽略的步驟。由於人類在理解和處理訊息方面先天不足，許多衝突完全只是因爲溝通不良或誤解；若能公開地檢閱、澄清訊息，有些爭端自然能消弭於無形。同樣地，面對面同桌，往往是各方第一次眞正有機會瞭解對方，知道對方眞的受到傷害，感到挫折。解決之道不是把情緒隱藏起來，留到個人辦公室裡再爆發，而是在牧羊人的陪伴下往前行進，讓情緒浮上枱面獲得抒解，不讓情況繼續惡化。

探索善意，揭發負面效應：聆聽雙方的故事時，記得探索其中隱藏的善意和負面效應。道格·史東（Doug Stone）、布魯斯·佩頓（Bruce Patton）、薛拉・辛（Sheila Heen）三人合著《高難度對話》（*Difficult Conversations*）在書中，作者指出，衝突中的當事人，幾乎都希望找個台階下；若能讓他們說出自己本來是一片好意，便能幫他們挽回顏面，只可惜弄巧成拙，適得其反。牧羊人領袖必須讚揚善意，同時指出每一位當事人的行動對另一方所造成的負面效應。

瞭解彼此心懷善意，可以減少雙方猜忌；揭露負面效應，可以讓當事人體會對另一方造成的傷害，儘管他們本意並非如此。萬一結果顯示，其中一方惡意傷害另一方，也有牧羊人領袖在場作證，對有意傷害的那方施加必要的壓力，想辦法整頓局面，避免訴諸法律行動。到了這個時候，舞台已經鋪好，可以準備上演和解大結局。

誘導道歉，或相互表達其他療傷止痛的話語：圓滿和解的結局，不見得每次都有盡釋前嫌、把酒言歡或含淚相擁的感人畫面。最低限度，牧人領袖應該邀請雙方互相道歉。有些人認爲道歉就是投降，因此拒絕道歉；這些人太過「絕對」，相信只有百分之百的對，不然就是百分之百的錯。道歉和敵人一樣，很少有百分之百的，你可以簡單說一句：「很抱歉我誤解你了」，或是「很抱歉我的行爲讓你感到如此挫折。」這些都算是道歉，但絕對不是百分之百的認錯賠不是：「對不起，我完全錯了。」牧羊人領袖在勸導的時候，只需要求雙方就造成傷害的部分道歉，這些負面效應往往完全不是當事者本意，雙方也都因爲表達了善意而保住了面子。

稱職的牧羊人領袖還會進一步鼓勵雙方對未來和彼此的關係釋出善意，有時候兩邊都會表示希望彼此關係未來能夠好轉，有時候只有一邊表達善意，另一邊卻嗤之以鼻；此時牧羊人必須重視的，是和解本身就是當盡之責，不必理會兩方當下的反應。儘管可能獲得負面的回應，但是能夠有機會聚在一起表達善意，說出撫慰的話語，就是爲未來種下希望的種子。面對祝福你的人，當然很難一直與他爲敵。

〈詩篇第二十三〉當中的牧羊人，並不因衝突而退縮，反而把衝突當成機會，讓彼此坐下來理清頭緒。現代的牧羊人領袖也一樣，必須保持警覺避免衝突擴張，營造一個空間，容納和解與健康的衝突。萬一你盡了全力，還是無法完全消弭不健康的衝突，也別喪氣！華盛頓大學的兩性專家約翰．高特曼（John

Gottman）教授研究婚姻關係多年，觀察到婚姻當中平均有三分之二以上的衝突始終無法解決。所以如果你努力營造空間，鼓勵健康衝突與和解，卻發現衝突紛爭依然存在，並不能算陷入絕境。有時牧羊人領袖管理衝突的最好選擇就是盡量留給雙方空間。足夠的空間其實是掌控衝突成本的好方法，只是一直被低估。看看牧羊人怎麼樣把問題公羊抓去關禁閉，你就知道該怎麼做了。

給牧羊人的思考習題：

- 我的敵人是誰？爲什麼我把他當成敵人？
- 在生命當中的哪些時刻，我會故意美化自己、醜化其他人？
- 在職場（或甚至私生活）中我有哪些人際關係已經決裂或是緊張，需要和解？
- 我部屬中有哪些人際關係已經決裂或是緊張，需要和解？

給牧羊人的行動建議：

- 草擬一套規則，規範部屬之間的智力衝突。解決問題的會議該如何運作？哪些行爲違規？如果有人「犯規」，身爲裁判，你要怎麼樣發出警告？

- 在未來幾週內採取行動，解決工作或生活中的人際問題，改善決裂或緊張的關係。預先打好草稿，按照本章列出的步驟行動。把重點放在和解行動的正確性，而非獲致突破性的成果，因爲對方可能不會馬上回應，或甚至做出負面回應。不管怎麼樣，你都埋下了希望的種子。
- 爲屬下擺設盛宴，準備和解——但是在此之前一定要先在自己的生活中練習達成和解。別企圖戲劇性地化解夙怨，而是要找出造成兩人關係緊張或決裂的小誤會或嫌隙。

第九章
去除煩擾

〈詩篇第二十三〉：

「你用油膏了我的頭。」

一七五〇年代，費城經濟陷入困境，沒人知道爲什麼；殖民地十三州的其他城市都欣欣向榮，尤其是波士頓和紐約。並不是說這座「博愛之城」的生活陷入愁雲慘霧，但就是模模糊糊地感覺有什麼讓人不舒服，沒人說得出來什麼地方不對勁，可不包括富蘭克林。

經濟在困境掙扎時，往往傾向大刀闊斧的改革；費城政府當局原本打算砸大錢，嘗試各種能改善經濟狀況的方法，包括建造碼頭與倉儲促進貿易、修繕道路、雇用全職民兵維護治安。但是富蘭克林卻提出一個既不起眼、又令人費解的建議：雇用清道夫清掃街道。

富蘭克林注意到，費城商業區街上，一有風就揚起大量灰塵，嚴重時會造成當地店家紛紛關上大門，而且民眾寧願待在家裡，也不願意上街受罪。請人打掃街道後，民眾又回到商業區，生意自然好轉。後來富蘭克林在自傳中寫到：「有些人可能認爲這種瑣事不值得注意。」無可否認，一個人眼睛進了沙子，不過是個小困擾；但若所有人眼睛裡都進了沙子，很可能嚴重危害整個城市的經濟和社會活力。富蘭克林主張：「人類的幸福，與其依靠絕無僅有的天大好運，不如由每天發生的小小好事堆積而成。」

牧羊人領袖若能掌握「絕無僅有的天大好運」，無疑是明智，然而若是一心以爲鴻鵠將至，白白讓許多改善人生的小機會從身邊溜走，未免太過愚昧。爲什麼？因爲你的屬下要活得更好，往往要依靠「每天發生的小小好事」。有時候，這些好事是因爲增加了有益的東西；更多時候則只是因爲除去了惱人的小困擾，像富蘭克林的例子。

羊的頭號大敵

羊的群居的本能勝過其他幾乎所有動物。往好處想，這使得牧羊人的工作更輕鬆；往壞處想，這種天性大幅增加了罹患疾病的機率。牧羊人之間流傳著一句古老的諺語：「羊最大的敵人就是羊。」痢疾、破傷風、口蹄疫、甚至肺炎，稍不注意就橫掃整個羊群。還有各式各樣的體內和體外寄生蟲，也會以驚人的速度傳染給一隻接一隻的羊；線蟲可以躲在青草中，等機會傳染給羊，如果沒有及時發現加以治療，可以在幾天之內造成羊兒死亡。

原野上眞正的磨練，在每年夏天飛蠅開始肆虐的季節。名副其實的大頭蠅，在飛蠅季節密集出現，的確讓羊群「頭大」不已，可以把羊逼瘋。鼻蠅也好不到哪裡去，像轟炸機一般向羊兒俯衝，企圖在羊兒柔軟潮濕的鼻腔內產卵。受到飛蠅折磨的羊兒，比較好的時候頂多停止吃草，找個樹叢躲起來；最慘的時候會用頭往地面、柱子、或另一隻羊身上亂撞。若是置之不理，秉性和平健康的羊很可能會變成神經質的老弱殘兵。

大衛王非常清楚如何應付這種曠野中的病痛與不適，他在羊兒的臉上、頭上塗抹膏油醫治，因此出現了「你用油膏了我的頭」這句詩文。膏油驅趕了蚊蠅，讓羊群得以安心吃草，等到膏油的效力衰退，蒼蠅重新聚集時，牧羊人會再次塗抹新的膏油——這再度說明牧羊人必須與羊同在，用心照料羊兒。即使在現代，牧羊人也會在羊兒身上塗抹各種藥品和軟膏；剪羊毛時造成的微小傷口，如果不塗上油隔絕蒼蠅，很可能會感染惡化。

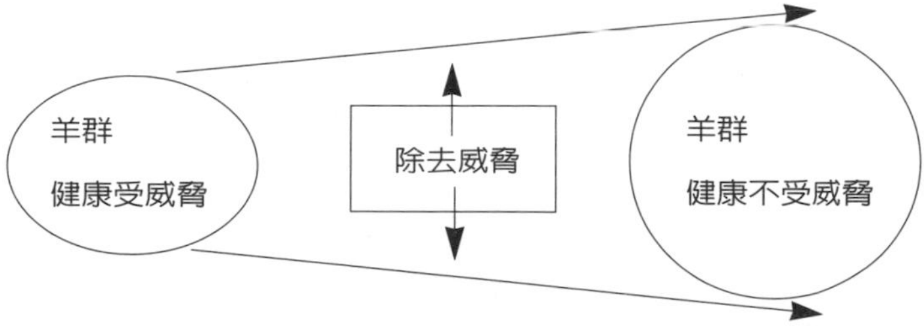

去除煩擾

去問眞正的牧羊人牧羊的要訣，他會回答：「牧羊是全世界最簡單的工作，只要幫羊接種疫苗……還要控制大頭蠅的數量……還有螺旋蟲……還有肝吸蟲……還有……。」每一個牧羊人都知道，蟲害猖獗時，羊群的健康和數量都會受影響；曠野中的牧羊人若能擺脫蟲害，羊群的健康和數量就會大幅增加。這種關係畫成圖表，便如上圖所示。

同樣的原則也適用於牧羊人領袖，高登．拜德（Gordon Binder）在應用分子基因公司（Amgen）擔任執行長時體悟到了這一點。應用分子基因公司是生化科技公司，內部滿是研究人員和科學家，從事最先進的研究；拜德不需要激勵這批核心員工，也不需要告訴他們該做什麼，他得出一個結論：他的工作就是傾聽員工的心聲，移除員工認為阻礙他們前進的障礙或煩擾。於是員工全心發揮所長，事業蒸蒸日上。

在荒野中，羊群就算遇到麻煩，也不會找牧羊人訴苦；反而是牧羊人必須找出羊兒，檢查有沒有問題。試著想像這兩種截然不同的觀點，一邊是牧羊人，一邊是羊，從牧羊人這邊來看，成群的蒼蠅不過是個小困擾，塗一點膏油就可以輕易解決；但是從羊這邊來看，對於這種害蟲卻是完全無能為力。這也是為什麼牧羊人領袖有個特徵，就是能夠以深刻的同理心對待下屬。對領導者來說不過是芝麻蒜皮的小事，若是屬下奮鬥了半天還無法解決，牧羊人領袖也不會認為他很「無能」，而是抱持同理心，從部屬的立場出發，在必要時給予幫助。談到如何成為一個好的牧羊人領袖，有個可行的辦法是：「把小事當大事。」

那麼，你的部屬之間可能有哪些共同的煩擾呢？如果做個小小的民意調查，很可能發現答案中總少不了「對未來感到不安」這一項。當然，有些員工把未知當成挑戰，在亂世中尋找機會；然而大部分的人卻對未知充滿恐懼，不願冒險，只想等上級指示。此時牧羊人領袖更需要陪伴在員工身邊，釐清責任，指引方向與展望，清楚告訴員工該怎麼做。可能還有些人會高喊「官僚主義」，此時牧羊人領袖會介入干涉，移除過時的管控系統，以更機動的服務模式取代。

另一個可能的共通煩惱就是自我效能低落。「自我效能」這個觀念，經過支持激勵理論的心理學家班杜拉（Albert Bandura）推廣，漸漸爲一般人所熟悉。簡單地說，班杜拉認爲自我效能低落的個體，不管面對何種挑戰，都不相信自己有能力克服，小至登入電腦網路，大至發動法律戰爭對抗難纏的對手，都不敢嘗試。牧羊人領袖可以走到屬下身邊，用許多不同方法幫他建立自我效能。

班杜拉的研究顯示，提升自我效能的簡單方法就是與員工對談，談話內容可以簡單地鼓勵幾句，增加自信心，也可以講個故事，談談另一個處境類似的員工如何克服類似的困境。另一條增加自我效能的捷徑，是直接對員工面授機宜；也就是說，由牧羊人領袖撥出一些時間來到員工身邊，示範如何完成任務。

有時阻礙團隊或公司前進的障礙，是某個人的問題行爲。相關研究指出，某些行爲確實會危及團隊表現；團隊中若有一個以上的成員行爲出現問題，例如負面消極的態度、暴躁易怒、攻擊別人、抱怨牢騷不斷、背後惡意中傷，可能拖垮整個團體。牧羊人領袖必須帶頭，盡力消滅問題行爲。萬一無法消滅這些行爲，我們訪談的領導人不只一位提到，此時只好強制驅逐問題成員。問題成員就像羊群中的瘟疫，只要一個人染病，就可能抵銷整個團隊的努力。儘管這是吃力不討好的工作，但總要有人出來快刀斬亂麻，而這個人就是牧羊人領袖。

梅格．惠特曼（Meg Whitman）是拍賣網站eBay的執行長，她的故事告訴我們，去除煩惱對客戶來說也很重要。在惠特曼的領導之下，eBay撐過了網路泡沫化的幽谷，以獲利之姿崛起。有些在eBay長久經營的賣家抱怨，因爲eBay有個機制，會自動轉介其他類似的拍賣品給競標失敗的買家。雖然在eBay領導者眼中，這個機制十分合理，賣家卻頗感困擾。惠特曼和公司創辦人皮耶．歐米迪亞（Pierre Omidyar）飛到賣家居住的城市去聽他的說法，兩天後就取消這項功能。當然，eBay的成功並非單靠這件事，卻凸顯出eBay的領導人十分明智，知道去除煩擾自然能獲得成長；賣家透過網路社群互通，這種消息傳播得特別快。

委以重任

有些困擾比較容易消除；對牧羊人而言，羊體外的蚊蟲跳蚤很容易發現，但是隱藏在體內的寄生蟲就沒那麼容易看得出來。牧羊人領袖遇到的情況也差不多，有些煩惱顯而易見，例如科技障礙、停車位難找、問題人物等，有些煩惱則難以發覺，譬如負面的（甚至根本沒有）自我形象。所以換個角度來看，為羊塗上膏油也可以視為一種儀式，讓員工對自己在公司所扮演的角色，有更積極正面的看法，我們把這個過程稱為「授命」。

「授命」的觀念出自聖經中的「受膏」，是種古老而神聖的儀式；大衛王年輕的時候，曾受先知撒母耳膏抹，撒母耳在大衛全家面前膏了大衛，宣告他是以色列下一任的王①。雖然過了很多年大衛才即位，但是受膏的經驗大大感動了大衛，使他更覺得自己身受天命所托。

①舊約聖經　撒母耳記上第十六章第1節。

另一個受膏的例子比較接近現代，是猶太教祭司施洛姆．薩曼．奧巴赫（Shlomo Zalman Auerbach）的故事。奧巴赫拉比（rabbi，對猶太教經師的尊稱）是耶路撒冷的猶太法典學者，前不久剛過世。有一天，一對夫婦來找奧巴赫拉比，他們想讓心智障礙的兒子離開家，到特殊學校就讀，因此來徵詢拉比的意見。做出這樣的決定，任何父母都難免牽腸掛肚；這對夫婦非常聰明，懂得向奧巴赫拉比求助，因爲奧巴赫拉比向來以智慧與慈悲聞名。

談話進行到一半，奧巴赫拉比開始擔心，這個孩子只怕不能體會父母的苦心，反而覺得自己遭到遺棄，所以他把孩子叫到跟前，做了件大家意想不到的事。

「你叫做什麼名字呢？」拉比問這個男孩。

「阿奇發，」男孩回答。

「你好啊，阿奇發。我的名字叫做施洛姆．薩曼．奧巴赫，是世界上最偉大的摩西五書權威，大家都要聽我的話。」聽到這話，這對夫婦有些訝異，因爲奧巴赫拉比謙遜過人的美德也很出名。奧巴赫繼續往下說：「你現在要去唸一所很特別的學校，我希望你能代表我，在新的地方幫忙照料所有跟宗教有關係的事。我現在任命你當猶太祭司，這樣你就是個拉比，希望你能善用這份榮耀。」

受命擔任拉比後，阿奇發帶著全新的定位與使命感前往新家；他在新學校適應良好，連週末都不願意離開學校，因爲可能會有人需要幫助。領導人授命給追隨者，就是可以產生這麼大的力量。

自我形象是種有力的催化劑，可以改變行爲，從自己眼中所見的自己，強烈影響我們日常生活的一舉一動。若是認爲自己沒有拼字的天分，拼錯字的機會絕對大於凡事追求完美的人（只是這兩種自我形象都太過極端）。「授命」就是要幫助屬下從新的角度看自己，創造不同的自我形象。受膏之後，大衛開始把自己看成以色列未來的國王，這種想法幫助他度過不少難關，乃至登基。

表面上看來，受膏是種古老的儀式，但是在現代仍然時時可見；警察、消防員、士兵、醫生，這些工作在結束訓練、開始執業前仍然必須宣誓，其他還有許多行業有同樣的儀式。政壇也是動不動就要宣誓，從總統到法官，甚至陪審團成員在就任前都要宣誓。畢業典禮和結婚典禮也可以看做受膏儀式，美國德州的艾柏林基督教大學（Abilene Christian University）的管理學院還更進一步，舉辦一整天的「畢業生祈福活動」，請教職員工、家長、畢業校友齊聚一堂，祝福即將畢業的四年級學生，授予他們神聖的任務。這樣的活動讓大學畢業生在踏入社會時，不但握有文憑，還有更偉大的使命感。

如此說來，現代牧羊人領袖所主持的受膏儀式，會是什麼模樣呢？授命不僅僅是回顧積極正面的表現。管理上常在評估績效時，先稱讚員工過去一年表現優異的地方，照理說，這樣可以建立員工的自信，以面對接下來殘酷的考驗，也就是審核績效不彰的負面部分。然而授命不只是評估屬下的工作成就，應該盡可能不要和工作扯上關係。當然，你可以在工作場合授命，但應該要盡可能肯定「個人」，而不是僅僅讚揚此人對組織的貢獻。

如果可以，牧羊人領袖應該盡量讓授命的過程儀式化，如同編制預算一般定期舉行；員工服務週年紀念日、節慶假日等，都是舉辦這種活動的好時機。若能個別表彰每個員工最理想，不然舉辦團體儀式也行。萬一領導人覺得自己不適合主持授命儀式，可以考慮請神職人員主持，例如牧師或教士，但是員工一定要在場。要達到最佳效果，儀式越公開越好；職務轉調的時候，也是舉行授命儀式的好時機。想想看，帶著領導人的公開祝福接手新工作，而不是匆匆忙忙地抱著大紙箱，連滾帶爬搬到新辦公室，會有多大的力量！

最後我們來做個總結。塗抹膏油對牧羊人領袖有雙重意涵：有時候是爲了治病，除去令人不適的事物，有時候則帶有宗教意義，表示對屬下委以重任。這兩種功效都很重要，可以大幅改善部屬的生活；更重要的是，這兩件事都是部屬自己無法做到的。追隨者需要仰仗牧羊人領袖授命，也需要牧羊人領袖除去自己無法移除的困擾或障礙。

給牧羊人的思考習題：

- 在你工作的地方，哪三項困擾可能最使人心煩？試著寫出三到五項惱人的事物。
- 身爲領導人，讓你感到最煩心的是什麼？試著寫出三到五件煩心的事。
- 你的屬下可能有哪些負面的自我形象？（例如失敗者、輸家、次等員工。）

●透過「授命」，你可以給予員工怎麼樣的正面自我形象？（例如牧羊人、才華洋溢。）

給牧羊人的行動建議：

●找兩、三個工作內容和你類似的領導人，詢問他們是否曾經成功去除屬下的困擾。試想你能否為部屬做同樣的事？也許別人的故事可以啓發你的靈感，想出辦法解決部屬的困擾。

●考慮進行一次全方位的回饋評量，看看屬下認為你這位領導人有何優缺點。根據你在「思考習題」中列出的困擾，去觀察你的弱點，必要時做一些改變。

●找個適當的場合，為一些屬下舉行授命儀式。職務調動時是個好時機，但還有很多其他機會。把你的祝福寫下來，然後趁著一對一面談，或工作小組、公司開會時，告訴屬下。

第十章
創造供給

〈詩篇第二十三〉：

「我的福杯滿溢。」

告訴你一個關於你自己的小秘密：各式各樣的「需求」支配了你的人生，早上一起床，你就已經落後了。列個清單，你會發現整天有無盡的事等著你：想做的事（為了自己）、該做的事（工作）、親愛的事（家事）等等。你也許會把每天的生活需求寫在隨身手冊或行事曆裡，拖得你腳步蹣跚；我有個朋友甚至帶著一本行事曆，記滿未來五年的計畫！然後在奔波了一天之後，晚上頭沾枕的那一刻，腦袋裡數的不是羊，而是今天沒有滿足的「需求」！

你瞧，從需求面來過日子，杯子好像怎樣也裝不滿，總是有新的責任，新的義務，新的人需要幫助。「需求」的收件匣像個無底洞，可是你的精力卻有限。如果生活過得像「老鼠賽跑」，你再怎麼努力跑都到不了終點；若不想精疲力竭地倒下，只有暫時脫離常軌──休假一天，讓心情放鬆，度個假，再不然做最壞打算：住院。你可能發現自己老是加班到半夜才回家，總是錯過與家人共進晚餐，九歲的女兒用譴責的眼光看著你，你忙著解釋：爹地眞的很想回家陪你們，只是工作太多實在趕不完。女兒無動於衷地回答：「也許他們應該派你去業務少一點的單位。」你自己何嘗不想？

牧羊人的福杯

相形之下，〈詩篇第二十三〉的作者發現截然不同的生活方式：從供給面去過日子！大衛王檢視自己的生活時，只簡單說了句：我的福杯滿溢！有的版本將這句話譯爲：「斟滿我的福杯。」把這句話和前面的陳述——「我必不至缺乏」——放在一起，眼前自然浮現一幅圖畫，畫中有心滿意足的快樂羊兒。不只是生命的需求獲得滿足，連供給都充足豐盛。不可否認，我們的生命裡都有美好的時光，但是我們卻可以感覺得到，這隻羊兒從供給面著手，牠的生命裡不會有大風大浪，時高時低，而是風平浪靜，安詳一致。說出「我必不致缺乏」和「我的福杯滿溢」這兩句話，表示這個人已經領悟到：生命裡不全是磨人的需求。

如果把人生比喻成杯子，這個杯子會是什麼模樣？是充盈滿溢，還是坑坑洞洞直漏水？是否因爲日復一日的瑣事折磨而出現裂痕？也許你想要一個更大的杯子，好裝得更多；也許你希望換個小一點的杯子，才能裝得滿。牧羊人的福杯反映出豐足的心理狀態：生命中不只有足夠的供給，而且供給超過了需求，令人愉悅。

個人經濟

小至家庭，大至公司組織與政府，都知道編列預算時「收支必須平衡」。幾百年來，減少需求（也就是縮減支出）一直是努力的重點，但近年來，經濟學有個重大的發現，就是增加供給（也就是增加收入）也是平衡預算的重要工具。美國人所收到的退稅，只不過是「供給面經濟學」的方法之一；這種供給面經濟學的觀點，全世界約有三分之二的國家採納，希望藉由增加金融供給刺激經濟成長。

同樣地，個人生活中的需求和供給也必須平衡，每一項消耗性的活動，都應該有一項供給性的活動來抵銷；供給告罄之時，我們必須盡快想辦法補充回來。或許，我們應該將這種生活方式稱爲「個人經濟」，因爲經濟學上的供需法則同樣適用於個人的生活，特別是領導人的生活。

如果你誠實面對自己，就會發現光是應付生活的需求面絕對不夠。你的書架上，除了《許你一個小蠻腰》這類曾經帶給你無限希望的減肥書，可能還有一大堆工具書幫助你管理時間，好像買得越多，越有希望掌控自己的時間，精美的行事曆、萬用手冊，附有工作紀錄表的記事本，應有盡有。然而，需求還是不斷地往上堆積，越積愈高、越堆愈快。

光是管理工作項目，生活的收支表是不會平衡的，因爲你只注意需求本身。試著做個實驗，法學院就是用這個實驗訓練滿懷抱負的實習律師。首先，閉上眼睛。接著，不要想閃爍的紅燈，想什麼都可以，就是不要想閃爍的紅燈。結果除了那笨得可以的紅燈，你什麼都想不到。這個實驗點醒了那些未來的大律師，讓他們知道請陪審團不要考慮某件事，往往會適得其反；這也點出了時間和工作管理工具的侷限：這些工具會使人更在意肩上的重擔。律師和會計師最討厭的工作就是塡寫工作時間記錄卡，這些卡片很管用，但仔細一想，卻發現幫你管理時間和工作的工具，很可能就是壓垮你的重擔。

僅從管理需求下手並不夠的另一個原因，是因爲造成負擔的不僅是工作項目的多寡，也不是完成工作所需要的時間；而是因爲需求已經深深介入你的生活，成了揮之不去的日常慣例，這才是使人喘不過氣的元兇。有時早上醒來，感覺就像電影《今天暫時停止》（*Groundhog Day*）的男主角，生活一直不停倒帶，重複過著同一天。起床時你就已經落後了：你想運動、沈思，卻沒有時間，小孩喊著肚子餓，車子該加油了，上班要遲到了。一切又再重演，世上所有的行事曆和萬用手冊加起來也救不了你。杜克大學（Duke University）校牧威廉・維利蒙博士（William Willimon）曾經這樣描述對神的奉獻：「對神的奉獻之心燃燒殆盡，不是因爲工作過度，而是因爲缺乏潛藏的意義。」這句話也可以放到領導統御的框架中，甚至可以推廣到整個人生。要平衡人生，就要增加供給，斟滿你的杯子，這一點和管理需求同樣重要。次頁的圖示或許可以幫助澄清這個觀念。

這樣看來，當我們想抽時間填滿福杯時，竟然會莫名地感到良心不安，認爲自己太過偷懶，實在是怪事一樁。生活中所有事物都需要補充供給，重新獲得能量；你回家不是都會記得幫手機、刮鬍刀、筆記型電腦充電？戴文波在第一次參加童子軍露營時，深刻體會「充電」的眞諦；收集木材升火是一回事，熬夜輪班替營火重添木材，又是另外一回事。斟滿福杯不僅僅是奢侈的享受，生命的供需

供給 < 需求

問題：需求超過供給。

解決之道：減少需求？

供給 > 供給

原則：供給經濟學生存法則。

解決之道：增加供給！

循環也因此才算完整。

增加供給

所有偉大的領袖，都必須找出供給的來源，知道何時何地可以獲得供給。以美國總統小布希爲例，他在德州的牧場找到他的供給來源；萬一無法遠行，他還可以去大衛營渡週末，或是在白宮的草坪上慢跑。前總統雷根在加州有個小牧場，他喜歡在那裡修剪樹叢，不過，可能不是每個人都覺得修剪樹叢會讓福杯滿溢；有些好事之徒還打趣地問：哪來那麼多樹好剪？山姆．華頓（Sam Walton）逛逛他所創辦的威名百貨（Wal-Mart）就能恢復精力；英國在二次世界大戰時期的領袖邱吉爾，每天中午都要小憩片刻；另一對領袖級的夫婦秉持一句格言：「幸福就從悠閒的早餐開始。」

那麼，我們該怎麼辦？我們既沒有牧場，也沒辦法每天睡午覺，該如何增加供給，讓我們的福杯滿溢？第一，**先瞭解自己的供給來源是多麼豐厚，並心存感謝**。每天至少撥出一些時間，最好在被需求沖昏頭之前，點一點你的「存貨」，感謝上蒼讓你過得如此富足。記錄個人的會計帳時，除了管理開銷這端，也應該清點收入端。你的福份不像市面販售的洋芋片，包裝內充滿了空氣，一打開就縮成巴掌大；你應該把福份視爲泡沫塑料，只要一點點就會膨脹開來，塞滿運貨紙箱。從供給面去過日子，其實只是一種心態上的轉換：同樣一杯水，有些人感嘆「有一半是空的」，也有人看成「有一半是滿的」！要讓你的福杯滿溢，首先要弄清楚自己到底有什麼，擁有的和積欠的能夠一樣多，或者更多，就該心存感激。

第二，**在生活中找出能幫你補充能量的活動**。例如，戴文波擔任大學校長時，最喜歡教學、與學生接觸。同事問他，公事已經堆了滿桌，爲什麼還要再接下教學任務？他說因爲只有教學能帶給他活力，讓他有力量去應付其他公事。由此可見，同樣一項活動，對某些人來說可能是消耗精力的需求，對其他人來說，卻是供給來源，能夠恢復元氣。我有個朋友喜歡把車庫弄得乾乾淨淨，覺得這樣就萬事順心，所以每個星期六早上都待在車庫弄東弄西；另外一個朋友就不一樣了，對她而言車庫亂一點倒是無所謂，但是帳單一定得付清，支票簿一定得收支平衡（呃，至少要接近銀行寄來的帳單通知），所以每個星期六早上她都在處理這件事。對他們而言，這些事情不是負擔，而是供給的源頭。在日常活動中找出你的能量和供給來源，確實付諸行動；**如果你的工作中沒有任何事情可以激勵你，最好考慮換個工作！**

別忘了，你還要花時間與那些在你生命中供給你的人相處。有些人會消耗你的精力，也有人會幫你補充精力；換個方式說，有些人走到哪裡都能帶來歡樂，有些人卻是走到哪裡都會帶走歡樂。不論那些人有多重要，千萬不要整個星期都只和需要你、仰賴你的人相處；要給自己一點時間，和那些激勵你、鼓舞你的人在一起。在同儕輔導活動中，戴文波發現，人會感到壓力到達頂點，通常是因爲大部分時間都和消耗精力的人相處，很少有時間和供給精力的人在一起。如果你自己的杯子因爲別人的供給而斟得滿滿的，你會很驚訝地發現，自己竟然有這麼多東西可以和其他人分享！

接下來，還要常常回到能夠給你活力的地方。你是否已經找到一個地方，這個地方（至少對你而言）可以帶給你新的生命，連空氣感覺都不一樣？有沒有一個僻靜的所在，讓你連心跳都滿足，腦袋更清楚？空間具有靈性，「留白」在生命中扮演重要角色；我們要能找到這些靈性與角色，回歸那兒休養生息。在公休那年，戴文波帶著全家到英國一處村莊，回來之後對朋友描述，他在那兒有種特殊的感覺；有個朋友說，這種地方其實不必遠求，而戴文波也確實找到了，就在一處海邊。多年來他固定造訪這處海濱，停留的日子也許不長，有時甚至是當天來回，但是他一定會去。也許每個月你也應該安排一、兩天走出辦公室，在一個特別的地方工作。總之，一定要找出賜予你能量的地方，時常造訪。

我們所生存的這個時代，人人在工作上充滿動力，效率不斷提升，但是個人的生活卻往往滿是疲憊、沈悶、憂慮，多麼令人感慨！造成這種現象的大部分原因，是因爲我們不允許自己從供給面去過日子，以致我們的福杯根本無法充滿。有人說，今日的主管看書只看相關領域、玩樂只爲緩和壓力、吃飯只爲談合約，就算穿著短褲度假，也和上班西裝革履一樣，承受同等壓力。幾乎每種產業都越來越重視人力資源，也就是希望員工訓練完善、成就動機高、工作有效率；這種人才的生活必定供給充裕，福杯滿溢，隨時可以上戰場。

供給自己的生活節奏

當然，這整個過程是有節奏的，就像我們吐氣之後要吸氣一樣；泉水一旦枯竭，就必須重新補充。我們可能沒辦法每天都獲得大量供給，但是可以用一個星期爲單位，思考如何達到平衡。至少每週都要安排一些恢復能量的活動，花點時間和供給活力的人相處，然後每個月計畫造訪你的供給發源地，去呼吸賜予你生命的空氣，讓你的福杯再度滿溢。一年休一次長假，是眞正的假期，不要去拜訪親友或清理車庫（除非這些活動剛好是你的主要能量來源）；關掉電源，不再憂心任何需求面的事，讓你的電池充飽電。如果你很幸運，像大學教師一樣每隔幾年就可以放很長的假，也許可以安排幾年一度的大計畫，花上幾個星期到幾個月，遠離生活的種種需求，重新調校你的身、心、靈。

爲了照顧羊群，牧羊人必須先學會照顧自己。說來令人不平，但是領導人一且顯露出疲憊或急躁，大家就會抓住機會議論紛紛，因爲員工不希望領導人疲勞不堪或體弱多病。如此看來，牧羊人是否吃得好、睡得飽，就成了攸關整群羊兒福祉的大事。從組織的全局看來，領導人若能充滿精力與熱忱去做少數幾件事，效果和價值遠超過多做事卻沒有熱情。由此可知，領導人應該把自己看成公司的一項資產，好好照顧，隨時注意供給是否充足。

曾代表美國出使聯合國及歐洲的作家麥可．諾瓦克（Michael Novak），寫過一則駿馬的寓言，可以幫我們更清楚地瞭解這個觀念：有位受傷的騎士，騎著棗紅色的駿馬回到故鄉，這匹馬因爲駿美強壯，備受稱讚。這位騎士一整天大部分的時間都放任馬兒自由，如果有村裡其他家畜都拉不動的重物，才會偶爾讓這匹馬出動。騎士過世之後，村民經常驅使這匹馬，馬兒失去自由，沒有受到妥善的照顧，很快就生病死了，村裡留下了許多工作無法完成。騎士曾經指示村民：「務必讓馬兒安靜地進食，然後在草原上設立柵欄，讓馬兒能在其中自由地嬉戲。」但是村民沒有聽進去；少了固定的供給，馬兒便再也達不到村民的需求。

供給屬下

找到方法增加自己的供給後，接下來，牧羊人領袖必須注意到羊群的供給。這項任務和第二章提到的「牧羊人滿足需求」大有關係，而且充分反映在「青草地」和「可安歇的水邊」中；但有時候羊兒壓力太大，就算食物和水近在眼前，也吃喝不下。俗話說得好：你可以把牛牽到水邊，但是不能強迫牠喝水；羊也一樣，所以有時你必須提醒羊兒補充供給，就像健身教練每隔一段時間就要說一次：「記得呼吸。」呼吸已經是再自然不過的事了，但是有時候我們就是這麼忙，這麼投入，這麼緊張，以致於忘了呼吸。

歐普拉・溫芙蕾（Oprah Winfrey）從主持電視節目、創辦雜誌、電影製片，到經營其他事業，旗下掌管一整個大型企業帝國——哈潑娛樂集團（Harpo Inc.）。溫芙蕾承認，早年她對員工管理甚嚴，但是後來發現，增加員工的生活供給可以提升整體生產力。在她的公司，新進員工第一年就享有平均六週的假期，總公司還有室內溫泉浴場和健身房。公司獲得的回報是：員工流動率不高（每年百分之十至十五），高級主管的平均年資是十年。

班・柯恩（Ben Cohen）與傑利・葛林菲爾德（Jerry Greenfiled），也就是

人人都知道的「班與傑利」這對搭檔，他們創辦的冰淇淋公司，也以類似的方式爲自己與員工補充供給。他們相信工作本身應該就是有回饋的，私底下奉行的格言是：「如果沒意思，爲什麼要做？」他們將自己的價值觀套用到一切行事，例如他們最著名的政策：將公司所有稅前盈餘的百分之七點五捐給慈善機構，並由員工成立小組，決定如何分配捐款。利用自己的價值觀組織公司，就是他們個人供給的強大來源。

諷刺的是，從供給面生活的需求早就古有明文：考門夫人（Lettie Cowman）的《幽谷清泉》（*Springs in the Valley*）描述早期西方人到非洲遊歷的故事。這些遊客安排土著幫他們搬運爲數可觀的行李，出發的第一天按照西方風格行進，走得又遠又趕。第二天早上，土著坐在地上不肯起身，拒絕往下走；經過一番交涉後，翻譯人員把土著的理由告訴西方遊客：原來他們得等靈魂趕上身體。這些非洲土著眞正領會了牧羊人領導的精神，也就是只有供需平衡，福杯滿溢，靈魂與身體合而爲一，人類才能發揮工作效能。

給牧羊人的思考習題：

- 你能不能列出幾個朋友，可以帶給你活力？你和這些人在一起的時間，是不是和那些消耗你精力的人一樣多？
- 有沒有一些地方可以讓你感覺舒服、放鬆？你多久去一次這些地方？
- 在工作或日常雜務中，你最喜歡哪個部分？

給牧羊人的行動建議：

- 翻翻上個月的行事曆，看看自己是不是每週都和讓你恢復活力的人碰面？如果沒有，這個星期趕快安排一個約會。
- 這個月你去過那個「特殊的地方」了嗎？如果還沒有，趁著這個月結束前去一次吧！就算只有短短幾個小時也好。
- 檢查你的行事曆，誠實評估你的供需狀況，然後做出適當的調整。

第十一章
共享積極願景

〈詩篇第二十三〉：

「我一生一世必有恩惠慈愛隨著我。」

戴文波夫婦發現，住在學校宿舍有利有弊；校長公館位於佩伯丁大學的加州馬里布校園，雅稱爲「獾居」，是個環境清幽的好地方，但是他們每年招待的賓客多達五千人，從學生到最高法院大法官都有。

戴文波記得有次邀請學校行政人員共進晚餐，主客是諾曼・卡森斯（Norman Cousins），美國知名的作家、編輯兼思想家。晚餐用到一半，卡森斯一時興起，請大家輪流發表，用一句話總結一生所學。突然面對這樣困難的要求，當時氣氛之尷尬，甚至可說令人手足無措。

後來才知道，卡森斯常拿這個問題去問世界級領袖，他最讚賞的回答之一，是前蘇聯總理赫魯雪夫所說的：「永不回頭。」談話性電視節目《今夜現場》（*Tonight Show*）主持人強尼・卡森（Johnny Carson）有次要求「旅館大王」康拉德・希爾頓（Conrad Hilton）看著攝影鏡頭，對全國觀眾說出經營大型旅館多年的心得，希爾頓顯然成竹在胸，早就想過這個問題，回答一下子就切中要害：「浴簾下擺要放在浴缸裡。」

用霍姆斯（Oliver Wendell Holmes, Jr.）的話來說，這些精句是「複雜表象背後的簡單道理」；說得精確一點，霍姆斯原來的句子是：「為複雜的表象沖昏頭，那絕不是我的作風，但追尋複雜表象背後的簡單道理，卻是我一生的目標。」很多人一生安於簡單、膚淺的表象；有些人比較振作，會去探索生命較深層的複雜現象，但最後往往落入泥沼，茫然無所適從；只有少數人能夠超越複雜，從中找出條理。只有找到霍姆斯口中「複雜表象背後的簡單道理」，才能成為最偉大的思想家或領袖。

牧羊不簡單

現代人乍看之下，大衛王這句：「我一生一世必有恩惠慈愛隨著我」，似乎過於天眞；或者至少我們會說，這樣的觀點和二十一世紀的生活脫節。說到底，古代牧羊人根本不知道癌症、阿茲海默症，那時候也不需要擔心股市崩盤造成退休金縮水，或是飛機衝撞辦公大樓。這些都和「恩惠慈愛」八竿子扯不上關係。

且慢！蓋棺論定之前，先設身處地想一想，如果我們生活在古代，要應付哪些風險？瘟疫橫行，羊群一隻隻倒下，生計沒著落時該怎麼辦？眼睜睜看著寶貴的羊隻失足墜落山崖，或是因爲難產而死，難道好過經濟大蕭條時，望著縮水的資產乾瞪眼？難道你願意放棄特大號的彈簧床墊，在冷硬的地板上打地鋪？你願意放棄每天的熱水澡，換成只能偶爾在河邊或池塘淨個身？

不對，如果我們無法認同牧羊人「一生一世必有恩惠慈愛隨著我」這個的看法，不是因爲古代的生活比較容易，不知困苦，也不是因爲大衛王的想法天眞單純，沒有接觸到複雜的那一面。隨著〈詩篇第二十三〉接近尾聲，牧羊人超越了障礙，突破了複雜的表象，發展出積極有益的「框架」，用來面對人生。如果我們無法跟大衛王一樣，認爲人生與領導中「必有恩惠慈愛相隨」，更應該下功夫發展正面積極的願景。

共享積極明確的願景

領導時（以及人生中）有個關鍵抉擇，必須選擇是要隨波逐流，還是積極創造願景，根據願景改造時勢潮流。若將領導統御精華化成簡單的幾句話，其中必然有一項是：領導人對未來有清楚、積極的願景，大家才會願意追隨。如果把兩個牧羊人領袖放在一起，其中一號領導人個老是反覆訴求：「敵人緊追在後，我們一定要快速往前。」二號領導人則是：「恩惠慈愛必定會跟隨我們，且讓我們向前吧！」大家一定都會選擇二號領導人。

一九八〇年的總統大選中，美國人選擇了樂觀的雷根，而不是競選連任的卡特，更證明了這種強烈的傾向。一般認爲卡特總統的領導過於悲觀；競選時卡特詳述美國所面臨的問題和限制，雷根卻是大筆一揮，用希望的彩筆彩繪出美國的未來。評論者儘管懷疑雷根有時是不是盲目地樂觀，但選民卻毫無疑慮地選擇了心目中的領導人。歷史學家將美國許多成就歸功於雷根，其中最重要的莫過於恢復了美國的信心與樂觀精神。

在建構這種願景或框架的時候，有三個要素：第一，必須把目標放在未來：一生一世必有恩惠慈愛隨著我。牧羊人在前方領導整群羊，他們所傳遞的未來願景是領導的關鍵所在。飛機駕駛員一定是坐在前艙往前看，告訴其他人前面的路徑如何，絕不會一路盯著後視鏡，或是回頭往後看。「就是鬆餅」（Mostly Muffins）是家成長快速的公司，創辦人兼總裁莫莉．波樂農（Molly Bolanos）

強調「向前管理」，主管開會檢討銷售數字時，心裡要想著未來，考慮可能遇到的路障，預先計畫出路線圖。波樂農說：「往前看、往上看，才能讓人精神振奮，而不是往下看。」員工需要對組織未來抱持希望的願景，瞭解自己在其中扮演的角色。

願景的第二個要素，就是必須正面積極。要做到這一點，領導人有點像在走鋼索，必須在樂觀和現實間取得微妙的平衡。以經濟爲例，美國遇到經濟困難時，政治漫畫家總愛拿那些「戴著玫瑰色眼鏡看事情」、想法不切實際的人開刀。牧羊人領袖知道前方會有險峻的路段，知道青草地和可安歇的水邊可能少之又少，知道羊群可能受到疾病侵襲，但他們還是能想辦法，架構出正面而又實際的未來願景。在悲觀—現實—樂觀之間，牧羊人領袖可能落在光譜的哪一點？我們應該效法長期擔任佩伯丁大學校長的諾佛．楊格（Norvel Young），一起排除悲觀的想法。楊格總是說：「我不知道有什麼好悲觀的。」

有項有趣的研究，肯定了這種觀點：在《學習樂觀．樂觀學習》（*Learned Optimism*）一書中，心理學教授馬汀．塞利格曼博士（Martin E.P. Seligmam）

表示，他可以用樂觀—悲觀的量表去評估人，然後預測這個人是否能夠成功，或是商業、政治方面的成敗。舉例來說，大都會人壽公司（MetLife）的新進業務人員，樂觀表現評價比較高的，在頭兩年內賣出的人壽保險比那些被評爲悲觀者的員工多出了百分之三十七；塞利格曼還根據選民偏好樂觀主義的心態，成功展現了預測選舉結果的能力。樂觀的人也比較不容易生病；最棒的是，塞利格曼還說，樂觀可以經由學習獲得。

或許，在悲觀—樂觀量表中，最適合牧羊人領袖的落點是「現實的樂觀」，設定樂觀而又可以達成的未來願景。領導人必須意識到橫亙於前方的困難與挑戰，不可抱著鴕鳥心態或粉飾太平，追隨者才能安心。網路泡沫化的風潮使得領導網路公司困難重重；戴文波擔任「星網公司」（Starwire）執行長時，發現有些員工覺得他在每月例行的公司現況簡報中，表現得過於樂觀，有誤導之嫌。起初戴文波很生氣，因爲員工不信任他；但是經過一番省思之後，他想到並非所有人都像自己一樣，對未來抱持積極樂觀的看法，因此在下一次簡報時，先從樂觀的角度出發，再從悲觀者的眼光審視，最後採取中庸之道，以「現實的樂觀看法」作總結。領導者的框架和內容同樣重要。

積極願景的第三個面向，是必須簡單明瞭。回憶一下學開車上路時的經驗，駕訓班教練是不是一直要求你「腦袋裡要有個地圖」？在這個典型的例子裡，要找出「複雜表象背後的簡單道理」，困難之處在於必須收集大量資料，包括目前所在的位置、路況，還有路上其他駕駛的位置及可能行進方向；如果你腦海中有完整的地圖，專注於遠在前方的某個定點，自然就會知道如何掌控方向，何時該加速、減速。甘迺迪總統說，美國要在十年內把人送上月球，而且平安回來，爲美國太空發展定下了簡單明瞭的願景；山姆·華頓說，威名百貨要在二〇〇〇年之前將分店增加一倍，而且每一平方英尺的銷售量要提升百分之六十，也是一個清楚的願景，雖然極富挑戰性，卻爲公司指出了前進的方向。

提出願景後，最好還要測試一下員工對這個願景是否有信心，尤其在設定新願景時，可以把組織裡一些領導人拉到一旁，問問他們的看法。有位業界領導人建議採用不記名投票，讓團隊成員以一到五的分數評估是否有信心達成，結果可能大有助益。有時領導人沈醉在一廂情願的想法或願景中，結果卻發現部屬根本一點信心也沒有。有人說過，許多年輕的領導人滿腔熱情，想要拋頭顱、灑熱血，結果卻發現自己反而需要輸血。如果同屬管理階層的領導人對你的願景沒有強烈的信心，你最好修正一下願景，不然就是另覓一起合作的經理人。

融合善與惡

如果說建構積極願景是人生與領導當中最重要的面向之一，那麼如何把最壞的狀況融入這個框架之中，就是最困難的挑戰，猶太教的拉比哈羅得·庫什納（Rabbi Harold Kushner）寫的《當好人遇到災難》（*When Bad Things Happen to Good People*）就是最好的寫照；書中指出「好人遇到災難」是個嚴重的問題，因爲不僅好人因災難而受苦，如果有人想要相信這個世界本質上是公平公正的，也會連帶受影響。那麼，牧羊人領袖應該如何應付種種不幸與邪惡的事端，卻仍然相信生命基本上受到恩惠慈愛的照顧？

開始研究這個問題之前，我們必須先注意，大衛王並沒有說人生所發生的全都是好事，而是說「有恩惠慈愛隨著我」。沒錯，外來的野獸與內發的疾病偶爾會衝破防線，但是大衛王的人生基本架構還是恩惠慈愛。戴文波的父親是麵包師父，他記得小時候看著爸爸在大碗裡攪拌材料，加入各種看起來不甚美味的原料：乾麵粉、生蛋、熟到開始發爛的香蕉；但是最後的成品——香蕉麵包——卻是美味無比。生命中也許不是所有的原料都是好的，但是全部加在一起，最後卻可能製造出美好的人生。最近很流行的一句話：「一切都好」（It's all good.）傳遞了同樣的訊息，生命有起也有落，但是好與壞卻交織成正面積極的人生。

因此，領導人的職責，就是把壞事融入積極正面的整體觀感；這種技巧稱爲「重新架構」，簡單來說就是換個角度，從更寬廣的層面去看事情，這是領導人必備的重要工具。近來在教小學生數學的時候，也會教學生從不同的角度去看事情；比方說，如果要用心算快速算出二十八加四十一，有些人可能直接把這兩個數字的個位數加個位數、十位數加位數；有些人則會重新架構問題，用三十加上四十，然後再修正尾數；還有一些人則是用二十加四十，再加上八加一。用多重角度去看同一個問題，讓領導者能夠以嶄新而實際的態度去面對挑戰。

重新架構、以更寬廣的層面去看事情，在處理噩耗時會更有助益；領導人要把惡化的情勢融入積極的整體框架中，領導人必須注意幾個問題：

- 從現在起一週後、一個月後、一年後，這個問題是否依然重要？如此可以獲得一個概念，瞭解這個壞消息是否會造成長期衝擊。
- 烏雲背後是否透出曙光？壞消息當中可能還是有好的成分，我們可以挑出好的部分，加以擴充。
- 這個事件如何才能使自己和組織更爲堅強？逆境往往可以給人磨練，增加我們的力量，如果能夠把注意力放在展望未來，可以幫助我們度過難關。
- 從這次事件我可以學到什麼？大部分領導人總是時常受到震撼教育，或許會經歷一番苦痛，但有時候我們學到的東西，卻遠遠超過這個代價。
- 這次經驗是否拉近了整個團隊的距離？遭逢惡運時，家人或團隊通常會更加緊密無間，攜手對抗逆境，因此我們應該把困境看作轉機，可以改善彼此的關係。
- 前方是否有好消息等著我們？有位領導人表示，遇到困難的時候，至少可以學到教訓，或是成為以後津津樂道的故事。

好人是否有好命？

好人若是遇到災難，可以學習以積極正面的人生願景去重新架構這些災難，那麼好人是不是也會遇到好事呢？更精確的說，如果成為好人，是不是就能遇到好事呢？如果學會了〈詩篇第二十三〉當中的領導智慧並加以奉行，恩惠慈愛是否就會伴隨著牧羊人呢？

善行與善報之間，雖然沒有一對一的直接關連，但是上述問題的答案無可否認仍是肯定的，稱職的牧羊人領袖通常有更多的慈愛恩惠跟隨。研究顯示，考試如果做好充分準備，具有信心的學生，成績會優於其他學生；同樣的結果也出現於標準化的成就測驗中，學生如果長期保持良好學習習慣、有規律，表現會勝過臨時抱佛腳的學生。這樣看來，從孩提時代我們就已經學到，好人比較容易遇到好事。

就連機會和命運似乎也比較眷顧好人。所謂「意外之喜」，表示原本沒有預期，但卻得到了有價值的東西；但是能夠「意外」發現眞正有價值的東西，通常是那些付出努力尋找的人，雖然結果也許並不符合最初的目標。他們在找的東西也許不是最後找到的東西。大詩人愛默生（Ralph Waldo Emerson）曾經寫到，哥倫布想要尋找前往亞洲的捷徑，卻「意外踏上了新大陸」；愛迪生想改良電報機，卻發明了留聲機；路易士．巴斯德（Louis Pasteur）想找出方法，防止酒變酸，結果卻發明了巴斯德氏加熱殺菌法；這些例子在在證明了：**「成功的機會屬於準備好的人。」**

大部分哲學家都同意，多數人的終極目標都是「幸福」，但就連這個目標也無法直接追求，而是必須靠著正當的生活，爲某個更遠大的目標奉獻心力才能獲致。確實，要嚇跑幸福最好的辦法，也許就是去追求它。只有全心投入有意義的活動或服務，與其他人發展親密關愛的關係，還有信奉全知全能的上帝（對許多人而言這是必要的），才能獲得幸福快樂。如果組織內的人具備良善的人格，好事自然會發生；所以牧羊人領袖若能爲屬下犧牲奉獻，自我訓練要求成爲好的領導人，恩惠慈愛自然相隨，他們所培養出來的良好品行，屬下也能共享成果。

樹立典範

追隨者的現實並非由環境所決定，而是由牧羊人領袖決定，這對羊群來說真是個福音。沒錯，土壤是很貧瘠，綠草已經啃得精光，附近也沒有水源；是的，疾病與野獸等敵人隨時可能出現，但是牧羊人為生活樹立一個新的典範，充滿恩惠慈愛的典範。

今日，真正強而有力的組織領導方式，不是看誰最會發號施令，或發出最多備忘錄，而是要看誰能設立典範，架構組織的文化與基調。開拓新科學哲學的托馬斯·孔恩（Thomas Kuhn）在《科學革命的結構》（*Structure of Scientific Revolutions*）中採用「典範」（paradigm）一詞，描述概念性的架構或特定社群的世界觀；若在亞馬遜網站（Amazon.com）輸入「典範」一詞，可以搜尋到五百本以上的書籍標題，孔恩的影響可見一斑。

有位總裁說：「讓我看看你們公司最優秀的三十名員工士氣如何，我就可以看出整個公司的士氣如何。」牧羊人領袖應付組織所面臨的困難與錯綜複雜的情況，為羊群找出一個框架，一種世界觀，然後以積極、簡單的方式傳達給羊群，建構出某種文化與基調，不論是在家庭、公司、教室，或是任何需要領導的地方，都能讓屬下的生活與行動有所依歸。

牧羊人知道前方有幽谷、有敵人，但仍然以積極的態度去面對；就是因為有這樣的願景，這樣的框架，這樣的世界觀，才能激勵員工，讓員工願意貢獻一己之力。約翰．理查森（John M. Richardson）說得好：「談到未來，一般人的態度可分為三種：有人束手等待未來，有人積極把握現在，有人則躊躕緬懷過去。」牧羊人領袖就要積極把握現在，創造未來！所以他們一生一世必有恩惠慈愛跟隨。

給牧羊人的思考習題：

- 如果諾曼．卡森斯請你用一句話總結一生所學，你會說什麼？
- 如果卡森斯請你用一句話總結你所領導的組織，你的回答是？
- 在悲觀—現實—樂觀的量表中，你會把自己放在哪個位置？你的屬下又會把你放在哪個位置？

●你現在所處的組織，由什麼人或什麼事物來設定典範？

給牧羊人的行動建議：

●身為領導人，你有什麼願景？把你的願景寫下來，再請三位同事寫下他們的願景，互相比較一下，看看大家的願景是否一致。你列出的願景夠不夠簡單明瞭？

●找出公司組織內的三個問題，想想看，你要怎麼幫助員工重新架構這些問題，或是怎麼從更積極、更寬廣的觀點去看這些問題？

●寫一篇文章，長度約一頁，內容適合刊登於新聞雜誌，描述你自己或公司未來十年的發展，然後與公司的領導團隊或員工分享，徵求回饋。

第十二章
深耕培育忠誠

〈詩篇第二十三〉：

「我且要住在耶和華的殿中，
直到永遠。」

資本主義的特徵之一，就是個體的流動。統計顯示，美國人平均每二年半換一次工作，而且這種工作上的遷移不光是雇主裁員的結果，調查顯示有百分之三十的美國人計畫在未來三年內更換工作；年輕一輩的美國人計畫換工作的比例更高達百分之六十。美國人這種渴望流動的傾向不僅充斥於職場，更蔓延至公共領域：美國公民可以（也確實有人）威脅去國遠走，理由五花八門，包括誰當選總統都可以成爲原因，有些人還當眞說到做到，從此脫離美國籍。

這種現象和共產主義國家形成強烈對比，例如在中國，過去半個世紀都是由共產黨指定大學畢業生該去哪兒工作，沒有黨的許可，誰也不能辭職或搬家，就算你的配偶被分配到另外一個城市，也不能通融；至於出國，更是不能不經過黨的批准。前蘇聯也採用類似的政策限制人民流動，沒有共產黨的允許，任何人不能任意前往其他城市，更別說是其他國家了。然而，共產黨員顯然低估了同志對移動的渴求。一九四〇年《怒之華》（*The Grapes of Wrath*）改編成電影，由約翰・福特（John Ford）執導，共產黨領導人在蘇聯全境播放這部影片，希望向全國展示美國式資本主義的陰暗面。

他們本來以爲共產同志看了片中喬德一家貧窮而又絕望的經歷，會對共產黨領袖更加忠心不貳；但是事與願違，整個計畫荒腔走板，反而造成反效果，喬德一家人擠在汽車上，離開塵暴區展開前往加州的漫長艱辛旅程，讓蘇聯民眾看了不禁大叫：「嘿！他們在美國可以搬家！好棒的國家！而且連最窮的人都有汽車！」相對地，在蘇聯只有最有錢、最有權勢的人才能擁有汽車，隨意前往任何想去的地方。

前蘇聯最大的錯誤，在於把人民當成動物，也就是說，他們認爲如果強迫人民留在同一處地方，人民一定會產生忠誠。這種作法對羊或許有用，但是對於熱愛自由的人類卻行不通。當然，人類會停留在同一個地方許多年，以顯示自己的忠誠，例如婚姻；但是忠誠和流動並非絕對不相容。牧羊人領袖關切的重點之一，就是培育追隨者的忠誠。

征服還是自願？

「我且要住在耶和華的殿中，直到永遠。」把這句話當作這首聖詩的結論有很大的風險（認眞講起來，這句話當作任何作品的結尾都很危險），因爲這短短一行可以有兩種迥異的詮釋：可能表示哀嘆，表達被征服的靈魂，注定得在征服者的家中永生爲奴爲僕，那麼這句話可以解釋爲作者最後的絕望之詞。

另一方面，這句話也可以解釋成充滿感激之情，表達受到好牧羊人的照顧，對自己所享受的富裕人生點滴在心頭。這不是絕望無助的呼喊，而是公開宣揚對牧羊人的信仰；這不是被征服者的語言，而是自願奉獻者的語言，讓全世界知道自己願意追隨領導人，爲目標奮鬥。

這樣的剖白如此忠心耿耿，我們不僅可以看出領導人的形象，也可以看到追隨者的心。和今日我們所享有的舒適物質生活相比，大衛王的處境是否可以稱爲「富足舒適」大有疑問，但是在這首牧羊人的聖詩中，還是可以看出深切的感恩。戴文波也擁有一顆謙遜的心，樂於承認自己的安樂要仰仗領導人。太多時候，我們以爲自己可以獨立成就事業，不用依靠任何人，抱持純粹的個人主義，不認爲其他人對自己有恩，自然也就不會對任何人忠誠。忠誠來自感激的心——因爲知道受到牧羊人的良好照顧才能擁有更好的生活，因而心生感激。

忠誠的願景

本章開頭列出的統計數字和故事，可以讓牧羊人領袖更確切地認識現實：永遠會有追隨者離開公司。然而，還是有些人認爲追隨者就應該永遠追隨左右，死忠到底。這種「服務越久越忠心」的觀念到底是從哪兒來的？原來是工業時代的遺跡。在「通用帝國」興起前（其中包括通用汽車、奇異電器、通用食品、通用動力……等大型公司組織），美國人從未想過擁有「終身職業」。一九〇〇年以前，勞動人口很少有機會獲得穩定的工作；對二十世紀以來的二、三個世代來說，穩定的工作卻是常態。現代化企業組織出現，減少了一般工作人口的流動率及汰換率。美國人不再全國到處遷移，開始接受三十年的抵押貸款，買房子落地生根，在同一家公司工作二十年、三十年，甚至五十年，成了司空見慣——在經濟史上這卻是前所未有的成就。忠誠成了高於其他一切的美德，對其他工作機會一律得擺出連看一眼都不屑的態度。

現在大部分人想到待在同一家公司四十年，反應大概是掩嘴偷笑。如今一般美國人在工作期間，都要換好幾次東家；諷刺的是，人員流動率越大，表示你所招募的人才越頂尖。有次走訪矽谷，一位企業家偷偷向我透露，他對公司裡員工來來去去的狀況感到很挫折；換句話說，儘管他爲公司找到出類拔萃的人才，結果這些人待在公司從來不曾超過兩年，然後又跳槽接受其他機會去了。這種現象部分可以看做是矽谷的本質，但是也可以由此看出領導人是否有能力吸引流動人才。

我請這位企業家換個角度，不要從薪資名單來看忠誠度，不要把自己當成頂點，而是把自己想像成一個跳板，幫助有天分的員工投入就業市場，創造偉大的產品或經營自己的事業。希望員工留在公司越久越好當然沒錯，只是不能過於一廂情願，有時候換個角度想一想，萬一員工離職，也希望他們能繼續支持公司。從這種觀點切入，牧羊人領袖的忠實追隨者可以橫跨無數公司、無數產業、甚至無數國家。

談到建立這種跨越邊界的忠誠，大專院校可以說是最佳範例。雖然大部分人在大專院校接受教育的時間頂多四、五年，但是往往終其一生都支持母校；我們常在照片中看到，剛出生的嬰兒用代表母校顏色的披巾包著，等到小孩長大些，通常會出現穿著學校球隊或啦啦隊制服的照片，有人甚至會去訂做車牌，上面刻著他們鍾愛的大學校徽。

大學教授都知道，教室裡滿座的學生將來可能變成校友、贊助人、未來的學生家長，因此在課堂上要時時記住培育忠誠度。每一個稍有智慧的教授都會好好對待學生，因為在將來的返校歡迎會上，很可能會見到當初最幼稚、最不成熟的學生，變成了風度翩翩的穩重校友——如果當年有什麼不愉快，場面可就尷尬了。

依賴者更需關照

相較於流動性高的專業雇員，現代許多公司裡還有一批從不考慮更換工作的人；其中有些人是因為喜歡現在的工作，也喜歡這份工作帶來的穩定收入，他們喜歡現在的家，喜歡現在這一套生活規律，不希望為了所謂的「發展性變遷」把生活給弄複雜了。這些員工的想法和愛因斯坦的老婆很類似：有人問愛因斯坦的太太懂不懂先生所提出的相對論，這位女士的回答是不懂，但是她了解她的另一半，知道愛因斯坦值得信任。

雖然我們的經營策略不像愛因斯坦的相對論那麼偉大複雜，但是對某些員工而言，這根本不是他們所關切的。說來令人難以置信，這些員工了解你，信任你，然後毫不猶豫地追隨你。雖然我們比較容易注意那些愛抱怨或持反對意見的人，但是職場裡還是有人熱愛他們的工作，這些人忠心耿耿，心滿意足，往往從不出聲。

有些員工希望能夠留在公司，不是因爲他們不想換工作，而是因爲別無選擇。有些人沒辦法換工作，是因爲不符合健康保險的規定；有些人必須留在原處，是由於孩子還小，或雙親年邁體衰；還有一些員工可能只是沒有能力追求其他的機會；通常，這些人是公司裡薪水最低的。很多人老是抱怨工作不好，讓日子不好過；但是如果工作以外的生活乏善可陳，工作成了你一週生活中最棒的部分，又會是什麼感覺？

牧羊人領導法的特色就是營造出一種情境，讓流動率最低的員工能夠引以爲傲，忠心效勞。根據市場經濟，很容易就可以找到理由解釋這些員工爲什麼只能獲得最低薪資，共產主義預言資本家會剝削利用這些員工，迫使員工起而革命。牧羊人領袖卻顛覆了這個革命預言，特別關心這批選擇機會最少的員工。

艾隆·費爾斯坦（Aaron Feuerstein）就是這種預言的反證。麻州勞倫斯市的美登米爾紡織廠（Malden Mills）是艾隆祖傳的產業，一九九六年受到祝融侵襲，當時再過幾週就是聖誕節了；火災後二十四小時之內，費爾斯坦在當地體育館召集了公司的三千名員工，宣布將會重建廠房，不會領到保險金就兌現脫手，當時他已高齡七十一。除此之外，費爾斯坦還對飽受驚嚇的員工宣佈，公司將繼續發放至少一個月的薪水，以免破壞歡樂的耶誕假期。

後來發薪日延長成爲九十天，之後健康保險津貼又延長了九十天。發放薪水已經是一大利多，但是重建的決定卻讓員工獲益更多。如果不是因爲美登米爾紡織廠，勞倫斯市早已成爲一座死城，三千員工只能到他處另覓生路。費爾斯坦的決定讓百分之九十的員工能夠長期留下，整個城市才能維持生機。費爾斯坦是個猶太教徒，他表示自己的所作所爲都是爲了榮耀上帝，這種奉獻的精神幫助他度過了重建工廠的緊急時期，也幫助他度過火災後的經濟困境。

那麼，還有什麼方法能夠展現出這種特別的關照？很多時候，你要做的就是學習從追隨者的立場去看人生。也許只有同事會親切有禮地和他們說話；也許，辦公室裡點綴著盆栽、海報，就是他們整個禮拜所見最漂亮的建築物；也許只有每天完成的例行工作，才能在他們脫序的生活中帶來成就感。有些領導人甚至會故意製造工作機會給那些身心有障礙的人。雖然我們無法幫助所有人，但是如果我們真的幫到了人，他們確實會感到很大的不同，而且往往會以最高的忠誠度作爲回報。

忠誠的遺贈禮

在《他們聞起來像羊》（*They Smell Like Sheep*）這本書裡，林恩·安德森博士（Dr. Lynn Anderson）敘述了一件發生於巴勒斯坦聖地旅程的事。有一天，安德森和當地導遊在巴勒斯坦和以色列地區逛了一段時間，研究羊群和牧羊人，後來，他們看到有個男人殘暴地驅趕一群羊兒穿過市街，對著羊群大吼大叫，一有羊兒脫隊，就用棍子用力抽打，雖然羊兒不斷往前移動，但是看得出牠們怕得發抖。安德森對導遊說，導遊一整天都說牧羊人很善良、循循善誘，但是這個殘暴的趕羊人卻不符合這個形象。導遊回答：「喔，這個人不是牧羊人，他是屠夫。」

不幸的是，有些追隨者可能感覺自己是屈服於屠夫的淫威之下，而非受到牧羊人的照顧，在商業界更是如此，有些人甚至高聲抗議領導人濫用職權。鄉村歌手莎拉．歐根．康寧（Sarah Ogan Gunning）的歌〈恐怖的回憶〉（*Dreadful Memories*），歌詞露骨刺耳；這首歌寫於二十世紀初期，正是勞資雙方對立最嚴重的時候，康寧採用福音歌曲〈珍貴的回憶〉曲調，將歌詞加以改編：

恐怖的回憶，徘徊不去，
淹沒我心靈。
工人與稚子，
飢寒交迫而死。

飢餓的父親，疲倦的母親，
住在簡陋的破爛小屋，
小小孩又冷又餓，
背上無衣物遮蔽……
喔，那些回憶，緊緊纏繞我，
讓我起而籌組工會，
讓我想幫助其他工人，
擦亮他們的眼睛。

每當想起這些痛心的回憶，
所有我們曾經經歷過的事，
我不禁要想：還有多久，
還有多少事工人能做。

康寧還寫了另外一首歌，叫做〈我恨公司老闆〉，光看標題就可以猜到內容是什麼。在此所列出的，顯然是美國歷史上極端年代中最極端的觀點，但卻可以清楚展現，領導的影響可以引發追隨者不同的反應。在這兩首歌裡面，很難找到任何接近忠誠的情操，但聽者肯定會受到歌詞啓發，思考領導人可以對追隨者造成怎樣的情感衝擊。

所以你的追隨者對你的評論是什麼？他們是否像大衛王寫作聖詩一般，毫不吝嗇地使用大量的讚美之詞？他們把你看做牧羊人還是屠夫？他們是否宣稱在你的領導之下，生活完滿無缺？還是他們的詩作充滿悲悼之情，哀嘆自己的存在空虛無意義？或是更糟，他們決定「援引憲法第五修正案」，選擇保持沈默？

不論是否爲眞，商業界的領導人往往名聲不是那麼好，讓人刻畫成蠻橫貪婪的工頭。平心而論，領導是一種人類約定俗成的制度，也和其他所有人類制度一樣有瑕疵之處。然而，你的領導方式會影響你的追隨者，領導的時候應該時時記住這一點。牧羊人領袖有責任破除這種負面的刻板印象，艾隆．費爾斯坦、奧斯卡·辛德勒、約翰·貝克特等人的所作所為，都有助於打破領導人的負面形象，發揚領導的另一面，也就是英勇同情的牧羊人形象。我們希望你也能像他們一樣，先成為榮耀領導者的追隨者，盡量讚揚領導人優秀的牧羊領導技能，然後再讓自己成為牧羊人領袖，讓追隨者祝福你而非詛咒你。

給牧羊人的思考習題：

- 屬下離開你領導的公司或小組時，你有什麼感覺？你會不會感覺被背叛？還是高興他們找到新的機會？
- 身為追隨者，你如何展現對領導人的忠誠？你是不是期望屬下對你表現忠誠，但是自己卻從不展現忠誠？

給牧羊人的行動建議：

- 在公司裡找一個特別需要這份薪水的員工，然後特別關照這位員工，保護他免於失業，非到萬不得已絕不裁撤。

- 找出兩、三個具有成爲牧羊人領袖潛力的人。
- 寫出在你生命中遇到的偉大領導人，一開始先在自己的私人筆記裡記錄他們的偉大特質，然後考慮寫信感謝他們，或是公開分享這些特質。

結語

給領導人的默想主題

在寫作本書時，我們採取了一個種有點問題的作法：把〈詩篇第二十三〉一句句拆解開來。這樣做是為了檢視〈詩篇第二十三〉當中的領導智慧，而一句句的鑽研是最好的作法；大家都知道，我們的左腦喜歡從事分析活動，我們也確實從中獲得知識。雖然我們可以把〈詩篇第二十三〉拆解成片段以尋求知識，但是整首詩篇的價值絕對超過所有片段加起來的總和；在拆解的過程中，總會有遺失的部分，這個遺失的部分可能被賦予各式各樣的名字：洞見、直覺、智慧。我們的右腦比較偏向直覺，可以接收到〈詩篇第二十三〉當中的智慧，但是左腦卻偏向分析，無法捕捉到這種智慧。既然本書已經到了尾聲，我們希望讓事情回復圓滿，因此，我們在此要求你將〈詩篇第二十三〉拼湊回原貌。

〈詩篇第二十三〉是一首詩，不是數學公式；現在這個世界數字至上，既然詩跟數字無關，商業界的領導人也就不太重視。並不是每個人都能像當代大詩人達納．奇歐亞（Dana Gioia）一樣；奇歐亞是美國國家文藝基金會（National Endowment for the Arts）現任主席，在成為世界級的詩人之前，先在史丹佛拿到企管碩士學位，然後在通用食品公司服務十五年，爬到副總裁的職位。歷史上許多偉大的領袖都和奇歐亞一樣，因為詩而更加提升。羅斯福總統、愛迪生、喬治．華盛頓．卡佛（George Washington Carve）都熱愛詩文；甘迺迪、卡特、柯林頓這幾位總統的就職演說，都圍繞著詩文發展。如此看來，教宗若望保祿二世（過去半個世紀中最有影響力的領袖之一）也是個詩人，並沒什麼好意外的。

詩學並非商學院的必修課程，也沒幾個生意人能夠讀出一首詩作的價值；大部分人所接觸的「詩」，不外乎賀卡上祝賀感謝之詞，或童書裡膚淺的韻文。〈詩篇第二十三〉是偉大的詩作，沒有押韻，但是絕對不膚淺，因此，我們必需須瞭解「詩」為什麼對領導人如此重要。以下將簡單說明詩在「真實」、「想像」、「道德」三方面的價值。

詩歌陳述真理，毋須統計數據

商業領導人必須懂詩，因爲除了科學方法外，詩歌也是是幫助我們瞭解現實的管道。在科幻電影《接觸未來》（*Contact*）中，女主角艾伊莉博士（Dr. Ellie Arroway）在特殊的機緣下見到外星人，但是回來後卻沒有辦法證明眞有其事。有一段時間伊莉感到非常挫折，急著告訴其他科學家和政府特別小組的官員，她的個人經驗有多麼重要；最後，她終於安於個人所知，不再說服其他人相信事實。伊莉遭逢的困境是：她無法證明她所知道的事；更確切地說，她知道外星人存在，但是沒有辦法向任何人證明。

和伊莉一樣，我們常常無法證明我們所知道的事。我們可能知道某人犯下嚴重的罪行，卻無法在法庭上證明；我們可能確定自己的事業計畫非常穩固可靠，卻無法收集到足夠的證據，向潛在的投資人證明；我們也許知道人腦是個非常特殊的器官，卻無法證明爲何人腦能夠產生意識或想像力。

這就是我們需要詩歌的另一個理由。儘管詩歌無法「證明」任何事，卻可以教導我們體會許很多人生的眞理，因爲詩人的體悟是無法用統計數字證明的。詩歌所描述的眞理，往往難以精確訴諸語言，有時甚至根本不可能表達，所以伊莉與外星人接觸的時候，才會感嘆：「實在應該派個詩人上來才對！」伊莉沒有辦法準確描述或解釋眼前所見；伊莉能掌握的語言有限，而她所熟知的科學又左支右絀。詩歌之所以能搭起一道橋梁，跨越這個鴻溝，並不是因爲詩歌直接點出了無以名狀之物，而是因爲詩歌指出一個方向，朝向奧祕的眞理，旁敲側擊，提供暗示。

我們身爲本書作者也無法證明許多我們已經知道的事情。我們知道所有的人類都具有永恆不朽的靈魂，但是我們無法證明。我們可以努力試著用科學方法向你證明，但最後很可能會失敗。能夠證實靈魂存在的科學證據少之又少，但是證明純粹物質世界存在的科學證據卻多如牛毛；事實上，只要你的手指曾經讓抽屜夾到過，就足夠構成物質證據了。

我們也知道在職場上，領導統御的技巧有多重要，但是我們不能像證明有氧運動有益健康一樣，用科學方法證明。此外，我們還知道領導方式有好壞之分，這種「知道」不是研究人員的觀察所得，而是信徒心中的堅定信念。領導技巧也好，人類行為也好，科學告訴我們許多重要的事實，本書中也引用了一些科學研究的成果，但是，正如同愛因斯坦所說的：「不是所有該算計的都能計算；也不是所有能計算的都值得算計。」而〈詩篇第二十三〉正可以幫助你一窺精神世界的奧祕，又不致與現實世界脫節。

詩歌激發想像

一九六七年一月，美國尚未成熟的太空計畫發生了首次重大災難，三位太空人因而喪生。阿波羅一號的成員：格斯．葛理森（Gus Grissom）、艾德．懷特（Ed White）、羅傑．查菲（Roger Chaffee），在進行太空船飛行前的測試時，登月小艇驟然起火，奪走了他們的性命。回想起來，這場悲劇似乎是可以預防的。電線走火，在太空艙的純氧空間內瞬間引發大火，不幸的是，太空人無法及時逃脫，因為太空艙門有層層安全防護措施封鎖，在最佳狀態下至少需要九十秒才能打開，緊急時更是怎麼也打不開。

這件事震驚美國國會，因而召開公聽會，由法蘭克・鮑曼（Frank Borman）上校出庭作證。鮑曼上校本身也是一位太空人，後來主持阿波羅八號計畫，阿波羅八號是美國第一架繞月飛行的太空梭。國會詢問，這樣悲慘的意外明明可以預防，爲何還會發生；鮑曼的回答簡明扼要，見解深刻。他說：「是因爲缺乏想像力。」太空艙可以承受重返大氣層的烈火與外太空的寒冷，但是從來沒人想到，太空梭還沒起飛，小小的電線走火竟然就奪走三位太空人的性命。

鮑曼的回答顯示，他自己和太空總署其他團隊成員都滿足於現狀，沒有想過：「如果在起飛前，充滿純氧的太空艙發生火災怎麼辦？」太空之旅這項艱困的任務史無前例，太空總署的工程師和行政人員幾乎沒有可以遵循的準則，幫助他們設計太空船送人上月球再平安回來。設計過程中有個步驟就是預想最糟的情境，然後重新設計太空船以應付這些緊急狀況。阿波羅一號的慘劇雖然不幸，卻成功激發了太空總署的想像力，最後整個阿波羅計畫都不再有任何人員傷亡。

「缺乏想像力」 太多時候我們習慣了日常生活的慣例，安於現狀，很少想到明天的事。歷史總是騷動不安，我們永遠生活於於不確定的時代；不論在哪個時代，我們都需要有想像力的領導人，去預想可能面臨的威脅，也需要領導人勇於提出尖銳的問題，爲嚇人的情節作準備。如果恐怖份子攻擊我們的總部怎麼辦？如果有人在我們生產的止痛膠囊裡下毒怎麼辦？如果發現我們的核心產品其實是人類健康的隱形殺手怎麼辦？如果家長不再信任我們，不放心把小孩送到我們學校怎麼辦？這些問題看似杞人憂天，其實不過是運用想像力，預想可能的未來以及結果。

很多事物可以激發想像力，悲劇便是其中之一。提出「如果……呢？」也是個好辦法，這種問題可以從兩方面切入：一方面我們可以問：「如果發生最壞的情況怎麼辦？」另一方面我們也可以問：「如果發生最好的事呢？」〈詩篇第二十三〉這首偉大的詩歌可以挑戰領導者的想像力，讓你更常問：「如果……呢？」。這裡有些問題可供參考：

如果我既是領導者，又是追隨者呢？

如果我試著從屬下的觀點去看人生呢？

如果屬下的需求沒有獲得滿足呢？
如果每一個屬下都有永恆不朽的靈魂呢？
如果我能增加自己的供給呢？
如果我的屬下就是我最重要的精神導師呢？
如果我的屬下要為我寫一首詩，會寫些什麼呢？

想像可以防止我們的世界受到更多損害，也可以創造更多豐盛盈餘，這兩項都是牧羊人領袖的職責，因此需要詩歌提供想像力的燃料。

神聖的詩歌是領導人的道德依歸

馬克吐溫有次遇見一個聲名狼籍的商人，他對馬克吐溫自吹自擂，大談自己的成就和未來的目標，宣稱希望有一天能夠到巴勒斯坦聖地旅行，登上西奈山頂大聲朗誦十誡。馬克吐溫回答：「我有個更好的主意。你可以待在波士頓的家裡好好奉行十誡。」牧羊人領導法不是對著你的屬下念〈詩篇第二十三〉，而是每天在無數次與組織成員的互動中，展示你的道德與價值觀。

我們相信：人不僅僅是比較聰明的動物，人類和其他生物有著本質上的不同，有著比羊更美好、更優越的特質；但在另一方面，人類同時具有殘忍邪惡的特質，比起其他生物有過之而無不及。像〈詩篇第二十三〉這樣神聖的文本，不僅可以幫助我們壓抑邪惡的天性，更可以喚起高尚的情操，不辜負造物主賜予我們的美好品德。捷克前總統哈維爾說過，領導人必須有勇氣，替所有事物灌注道德與靈性。

商業界人士畢竟是生意人，有時難免以成敗論英雄，這種「老闆在看才要做」的心態充斥於商場超過一百年，至今不衰。詩歌（尤其是神聖的詩歌）無法帶來明確的成果，卻可以提供道德理想，成爲我們奮鬥的方向；這個社會一切「向錢看」，凡事都已訂成了死規矩，詩歌提醒我們應注重「理之當然」，而不是只看事情的結果。商場是個好老師，教我們注重成果；相對地，〈詩篇第二十三〉也是一個好老師，讓我們不致誤入歧途。

有時候，牧羊人領袖的角色似乎毫無作用，因爲看不到立即的成果。古代牧羊人也遭逢同樣的困境，因爲對牧羊人來說最重要的東西，往往是不可見也不可控制的。古代牧羊人看顧羊群，提供食物與飲水，留心羊兒的交配繁殖，希望現在所做一切正確的事，能夠在將來造就一群健康的羊兒。同樣地，牧羊人領袖也不能期望成果一定能馬上看得見。

本書不是什麼健康寶典、致富祕訣、幸福偏方。雖然我們相信牧羊人領導法一定可以爲你的公司帶來實際的益處，但是我們絕不會搞那種「保證提升三倍績效，無效退費」的噱頭。我們希望牧羊人領袖能夠超越斤斤計較成效的層次，轉而重視行爲的正確與眞實。〈詩篇第二十三〉是一首偉大的詩歌，是靈感泉源、眞理的源頭，也是維繫道德的船錨，幫助商場領袖在競爭激烈的複雜社會中保持平衡。

邁向牧羊人之路

最近數十年靈性修養重新蔚然成風，從傅士德（Richard Foster）的處女作《屬靈操練禮讚》（*Celebration of Discipline*）一路到魏肯生（Bruce

Wilkinson）的《雅比斯的禱告》（*The Prayer of Jabez*），信奉上帝的領導人不斷受到提醒，要固定騰出時間修練靈性；對某些人而言，這是每天必作的功課，有些人是每週一次，還有的人則是一年一度，挪出較長的時間密集體驗。隨著瑜珈風行美國，就連運動也沾染上靈修的色彩。修練靈性的方法裡，最常使用的大概要屬禱告和誦經；靈修大師可能還會寫寫日記。除了這些以外，我們還推薦練習「默想」；如果說禱告是爲了練習與上帝說話，那麼默想就是爲了練習傾聽上帝的聲音。

本書目的就是爲了提醒全世界信奉上帝的領導人，時時把〈詩篇第二十三〉當作默想的材料。習慣深入地探索與反省之後，〈詩篇第二十三〉將會深植於靈魂之中，不知不覺地指引你的一舉一動，或者也可以有意識地用來檢驗你的舉止，尤其在走到道德的十字路口時，更需要聖詩的指引。默想時需要一段安靜的時間，不斷反芻整首聖詩，直到完全吸收，眞正成爲你自己的東西。看一看各種版本的〈詩篇第二十三〉，把這些不同版本背起來，可能也會對你有幫助。本書採用的是傳統的欽定本（King James Version），但是還有很多其他版本可供以選擇；在附錄中我們收集了另一種版本，你可以從其中找出能讓你「聽到聲音」的版本。

之所以需要默想，是因爲我們是有限的生物，總是容易忘記、容易分心。習慣性地默想〈詩篇第二十三〉，代表一再地閱讀這首聖詩，不斷反芻其中的一字一句、其中的意象。在此所說的默想，並非什麼也不想的一片空無，而是要深入、持續地一再回想〈詩篇第二十三〉，充實我們的心靈。這種默想可以幫助我們不致以爲自己是全世界的中心，狂妄自大，而是從不同的角度去體會現實，讓我們能夠透視自己，透視問題，從神聖的立場去看事情。

我們分析事物的時候，常常無法綜觀全體，默想可以幫助我們綜觀全局，也可以使我們更完整。默想的時候，我們思考〈詩篇第二十三〉中理性的成分，並與生活中的情感與非理性相結合。藉由默想，我們從〈詩篇第二十三〉獲得知識，將知識運用於生活中，時時反省。從知識到行動到反省，可以使追隨者轉化爲領導者，也可以讓原本傑出的領導人進一步轉化爲牧羊人領袖。

這種知識—行動—反省的過程，又回歸到本書一開頭所提到的：牧羊人領導法是種「思考方式」、「行事方式」、以及「生活方式」。倘若你深入思索這首詩，牧羊人領袖的形象自然會在你的心中落地生根；對領導統御的看法改變後，你的領導方式也會開始轉變；一旦省思了新的行爲準則，靈性的智慧就會開始萌芽，你的角色也跟著轉化。從領導統御的角度讀一遍〈詩篇第二十三〉，可以讓你認識牧羊人領袖的形象；反覆默想〈詩篇第二十三〉則會讓你對牧羊人領導法更加奉行不渝。

附錄

〈詩篇第二十三〉的另一種版本

上主是善牧

上主是我的牧者，
我實在一無所缺。
他使我臥在青綠的草場，
又領我走近幽靜的水旁，
還使我的心靈得到舒暢。
他為了自己名號的理由，領我踏上了正義的坦途。
縱使我應走過陰森的幽谷，
我不怕兇險，因你與我同住。
你的牧杖和短棒，是我的安慰和舒暢。

在我對頭面前，你為我擺設了筵席；
在我的頭上傅油，使我的杯爵滿溢。
在我一生歲月裡，幸福與慈愛常隨不離；
我將住在上主的殿裡，直至悠遠的時日。

國家圖書館出版品預行編目資料

牧羊人領導：詩篇23的領導智慧/布雷恩．麥考米克（Blaine McCormick），大衛．戴文波（David Davenport）著；葛窈君譯. -- 初版. -- 臺北市：啓示出版：家庭傳媒城邦分公司發行, 2004 [民93]
面；　公分. -- (Talent系列；1)
譯自：Shepherd Leadership：Wisdom for Leaders From Pasalm23

ISBN 986-7470-01-X(平裝)

1.詩篇－研究與考訂　2.領導論

241.32　　93003720

Talent系列001

牧羊人領導：詩篇23的領導智慧

作　　者／布雷恩．麥考米克（Blaine McCormick）、大衛．戴文波（David Davenport）
譯　　者／葛窈君
總 編 輯／彭之琬
責任編輯／李詠璇

版　　權／吳亭儀
行銷業務／王瑜、莊晏青
總 經 理／彭之琬
發 行 人／何飛鵬
法律顧問／元禾法律事務所王子文律師
出　　版／啓示出版
台北市104民生東路二段141號9樓
電話：(02) 25007008　傳眞：(02)25007759
E-mail:bwp.service@cite.com.tw
發　　行／英屬蓋曼群島商家庭傳媒股份有限公司 城邦分公司
台北市中山區民生東路二段141號2樓
書虫客服服務專線：02-25007718；25007719
服務時間：週一至週五上午09:30-12:00；下午13:30-17:00
24小時傳眞專線：02-25001990；25001991
劃撥帳號：19863813；戶名：書虫股份有限公司
戶名：英屬蓋曼群島商家庭傳媒股份有限公司城邦分公司
訂購服務／書虫股份有限公司客服專線：（02）2500-7718；2500-7719
服務時間：週一至週五上午09:30-12:00；下午13:30-17:00
24時傳眞專線：（02）2500-1990；2500-1991
劃撥帳號：19863813 戶名：書虫股份有限公司
讀者服務信箱：service@readingclub.com.tw
城邦讀書花園：www.cite.com.tw
香港發行所／城邦（香港）出版集團有限公司
香港灣仔駱克道193號東超商業中心1樓；E-mail：hkcite@biznetvigator.com
電話：(852) 25086231　傳眞：(852) 25789337
馬新發行所／城邦（馬新）出版集團 Cite (M) Sdn. Bhd.
41, Jalan Radin Anum, Bandar Baru Sri Petaling, 57000 Kuala Lumpur, Malaysia.
Tel: (603) 90578822　Fax: (603) 90576622　Email: cite@cite.com.my

封面設計／李東記
排　　版／極翔企業有限公司
印　　刷／韋懋實業有限公司

■2004年4月初版
■2023年2月15日三版3刷　　Printed in Taiwan

定價280元

城邦讀書花園
www.cite.com.tw